这就是中国历史

秦汉
中华帝国的形成

何孝荣 主编

化学工业出版社
·北京·

图书在版编目（CIP）数据

这就是中国历史.秦汉：中华帝国的形成/何孝荣主编.—北京：化学工业出版社，2020.9（2025.4重印）
ISBN 978-7-122-37132-4

Ⅰ.①这… Ⅱ.①何… Ⅲ.①中国历史-秦汉时代-少儿读物 Ⅳ.①K209

中国版本图书馆CIP数据核字（2020）第093173号

责任编辑：丁尚林　马羚玮　　　　　　　文字编辑：刘　璐　陈小滔
责任校对：王素芹　　　　　　　　　　　　装帧设计：尹琳琳

出版发行：化学工业出版社（北京市东城区青年湖南街13号　邮政编码100011）
印　　装：中煤（北京）印务有限公司
787mm×1092mm　1/16　印张12　字数177千字　2025年4月北京第1版第12次印刷

购书咨询：010-64518888　　　　　　　　　售后服务：010-64518899
网　　址：http://www.cip.com.cn
凡购买本书，如有缺损质量问题，本社销售中心负责调换。

定　　价：39.80元　　　　　　　　　　　　　　　　　　　　　版权所有　违者必究

目录

导读　历史是这样的......1

秦亡汉兴......2
秦始皇统一天下............ 2
焚书坑儒.................... 6
胡亥即位.................... 10
陈胜揭竿起义............... 15
刘邦斩白蛇.................. 18
巨鹿之战..................... 20
鸿门宴........................ 24
楚霸王乌江自刎............ 29

西汉初期..................34
田横与五百壮士............ 34
叔孙通制定朝仪............ 39
刘邦被围白登山............ 43
陆贾说服南越............... 47
张良功成身退............... 50

吕后临朝称制............... 53
文景之治..................... 57
晁错削藩..................... 60
周亚夫平定七国之乱...... 65

汉武帝时代...............69
刘彻登基..................... 69
卫青与霍去病抗击匈奴... 73
李广功高难封侯............ 79
张骞出使西域............... 85
苏武牧羊..................... 90
司马迁写《史记》......... 95
巫蛊之祸..................... 100

西汉的衰落 104
- 三朝重臣霍光 104
- 王昭君出塞 108
- 赵飞燕得宠 113
- 失败的改革家王莽 116
- 绿林赤眉起义 120
- 昆阳大战 123

儒生治国 129
- 刘秀的书卷气 129
- 汉明帝梦金人 134
- 班超投笔从戎 138
- 杨震不收礼 142

外戚与宦官干政 147
- 跋扈将军梁冀 147
- 党人的光荣 152
- 东汉第一通儒：郑玄 156
- 黄巾大起义 159
- 道教初祖张道陵 164
- 王允计除董卓 168

建安时代 173
- 挟天子令诸侯 173
- 人质般的皇族 177
- 官渡之战灭袁绍 179
- 蔡文姬归汉 184

历代帝王世系表 188

导读

❁❋❁ 历史是这样的 ❁❋❁

秦始皇是怎样一统天下的呢？

丝绸之路是谁开辟的呢？

汉朝为什么从西汉变成了东汉？

如果你有过这些疑问和思考，那么非常欢迎你和我们一起推开秦汉历史的大门。

我们中华文明有着五千年悠久的历史，其中有很多有趣的故事，也有很多前人总结出来的经验和智慧。

学习这些历史不仅可以拓宽我们的视野，丰富我们的知识面，还能使我们更加明事理。

唐太宗曾说过："以史为镜，可以知兴替。"

哲学家培根也曾说过："读史可以使人明智。"

为了方便小读者们了解真实的历史脉络，对历史产生兴趣，我们联合了众多历史学者特意编撰了这本《这就是中国历史——秦汉》，见证波澜壮阔的秦汉天下。

秦亡汉兴

秦始皇以强大的武力统一天下，揭开了帝国的序幕。

秦始皇下令收天下兵器，铸成十二金（铜）人，希望百姓不能对抗他；又焚天下诗书，钳天下人之口，希望再也没有人能反对他……

可是，焚书的青烟刚刚散尽，秦始皇的"万世帝业"就毁于一旦。

函谷关和黄河天险，竟是那么不堪一击。秦朝的统治未能长久，但却给汉帝国的建立打下了基础。

> **知识链接**
>
> **皇帝**
>
> 在秦始皇以前，"皇"或"帝"单独出现，主要用来称呼上古时期的部落首领或部落联盟首领，如常见的三皇五帝。
>
> 秦王嬴政统一天下后，认为自己"德兼三皇、功盖五帝"，因此创"皇帝"一词。从此"皇帝"成为中国封建社会最高统治者的称呼。

秦始皇统一天下

秦王嬴政结束了几百年诸侯割据、天下纷争的局面，他自认为功绩比得上三皇五帝，便自称"始皇帝"，希望子孙能传至二世、三世、四世，一直到万世。秦始皇掌握了前所未有的广阔疆域，拥有成千上万的子民,但该如何治理他们呢?

丞相王绾(wǎn)主张延续西周的分封制,封皇室子弟到各地为王,以血缘关系为纽带治理天下。李斯却坚决反对,他认为周武王立国后曾大封子弟功臣为诸侯,但后来他们之间的关系却日益疏远,并且开始相互征伐,如同仇敌,哪里还顾及什么血缘亲情呀?他觉得应该在全国设置郡县,派官员去治理。秦始皇采纳了李斯的建议,将天下划为三十六郡,郡以下再设县,统一派官员去治理。原来的六国疆界不复存在,中央对地方治理开始进入新的历史时期。

在中央，秦始皇也建立起行之有效的组织机构。他下令中央设置丞相、太尉、御史大夫、廷尉、治粟内史等主要官职，协助皇帝治理国家。由此，秦始皇建立了一套中央集权的政治体制，对后世影响深远。此后各个王朝所实行的政治体制基本都是在秦朝的基础上演变而来。

为了维持统治秩序，树立皇权威严，秦始皇下令将原来六国的兵器全都收缴到咸阳，然后派人把这些兵器回炉熔化，铸成十二个大铜人和许多铜钟。这十二个大铜人巨大无比，据说最大的重达二十四万斤。秦始皇将它们竖立在咸阳宫殿前面的两侧，象征着他前无古人后无来者的伟大功绩。

在战国时期，商业已经渐渐发达，货币的使用是一件很常见的事情。但当时诸侯割据，各国流通货币的形状、大小、轻重都不一样，货币计算的单位也不相同，影响了商品的流通和经济的发展。秦始皇统一全国后便下令废除各国的旧货币，一律使用圆形方孔、重半两的铜钱，称"秦半两"。接着，他又下令统一全

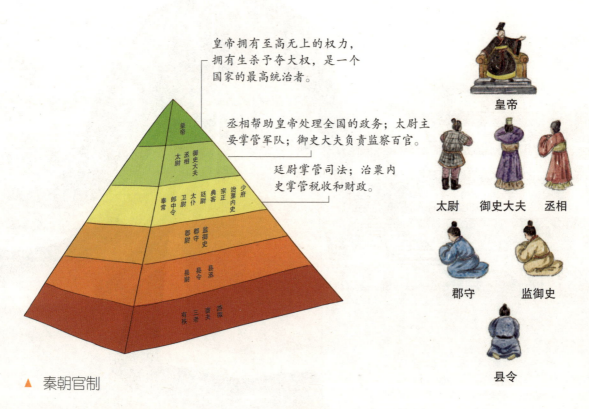

▲ 秦朝官制

国的度量衡，以秦国的度量衡为标准。从此，商品流通就方便多了。

原先六国的车辆有大有小，道路有宽有窄。要致富，先修路。如今天下一统，秦始皇考虑是不是先把路给修通了。他先是规定车轴上两个轮子间的距离统一定为六尺，然后又下令修筑了从咸阳到全国各个重要城市的大路。于是秦国就有了自己的"高速公路"，咸阳变得四通八达，全国的交通方便多了。此外，各诸侯国文字也各不相同，不利于沟通交流。于是，秦始皇又派李斯进行文字改革。李斯先是把大篆简化成小篆，后来秦朝官员程邈又在小篆的基础上创造了更方便书写的隶书。由此，车得以同轨，书得以同文。正是秦始皇统一中国以后所推行的一系列划时代的改革，使我国逐渐形成统一的中央集权国家，为后世作出了巨大历史贡献。

▲ 方士徐福

方士是自称能炼丹而求长生不老的人。徐福就是著名的方士，他博学多才，通晓医学、天文、航海等知识。

秦始皇派他出海采仙药，一去不返，传说到了日本。

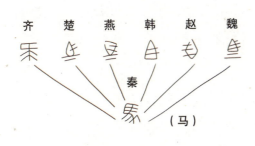

▲ 秦朝统一六国文字

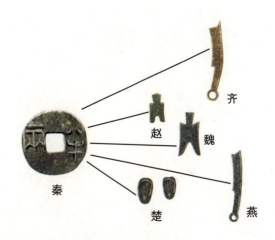

▲ 秦朝统一六国货币

焚书坑儒

公元前213年的一天，秦始皇为了庆祝击败匈奴的大喜事，于是在咸阳宫里大摆宴席，邀请文武官员和一些学者、博士来参加。现场美酒飘香，丝竹悦耳，一派热闹景象。席间，博士的领袖周青臣举起酒杯向秦始皇敬酒，顺便拍起了秦始皇的马屁，颂扬他无上的功德。秦始皇听了，心里美滋滋。这时，一个叫淳于越的博士走上前去说起了分封制的好处，劝秦始皇遵循古制，实行分封。

秦始皇听了脸色一黑，让李斯发表意见。李斯起身说道："陛下，古今时代不同，老一套的东西不一定适用于如今的秦国。如果我们拘泥于古制，国家还怎么发展？百姓何以安居？某些个读书人老是拿过去古书上的话来批评当前的制度，危害陛下的统治，其心可诛！陛下应该加大惩治力度，严厉禁止，把那些不该看的书都烧掉，省得那些个儒生整日对朝纲说三道四！"

秦始皇非常赞同李斯的观点。自六国统一以来，他和他建立起来的政治制度遭受了太多的非议，尤其是儒家的那群人，总是厚古薄今，抨击朝政。于是，秦始皇决定采纳李斯的建议，下令焚书。民间不得收藏书籍，除了那些讲医药、占卜、种树等比较实用的书以外，其余诸子百家的典籍一律烧毁；不得

知识链接

秦始皇陵兵马俑

1974年，陕西临潼西杨村的农民打井时，忽然在三米左右的深度发现了红土层，他们都觉得是碰到了以前的老砖窑，没有在意，就接着挖，慢慢地，大量陶片，还有一个陶俑出现了。他们赶快报告当地文化部门，文化部门很重视，经过挖掘，秦兵马俑就这样重见天日了。

经过多次考古发掘，此地已发现和真人、真马大小相似的陶俑、陶马7000余件。有车兵、骑兵和步兵等不同的兵种，人物栩栩如生，排列整齐有序，威武严整，气势磅礴。秦兵马俑被誉为"世界第八大奇迹"。1987年被联合国教科文组织列入《世界遗产名录》。

偷偷谈论古书内容，违者处死刑；不得民间议论朝政，借古训攻击当前政治者全家都要处死。官吏知情而不告发以同罪论处。同时，秦始皇还鼓励大家以官吏为师，多看关于律法的书，多学习国家的法律文件，加强思想政治教育。

焚书令发布以后，各郡县的官吏立刻派兵到老百姓那里挨家挨户收缴书籍。全国各地都燃起焚书的熊熊烈火，民间收藏的书差不多被烧光了，儒家经典更是遭到毁灭性的破坏。有不甘心的儒生冒死将一些儒学经典私藏在墙壁的夹层里，这才躲过了那场浩劫。还有一些学者把典籍熟记于心，又口授给自己的学生，让他们写了下来。我们现在看到的儒家经典很多就是这样流传下来的。

秦始皇当上皇帝以后开始追求长生不老，于是找了很多方士为他寻求长生不死之术。焚书的第二年（公元前212年），有两个替秦始皇求不死药的方士，一个叫侯生，一个叫卢生。他们不满秦始皇的残暴统治，于是在背后偷偷议论说："秦始皇如此残暴，以残酷的刑罚来统治天下，百姓如生活在水深火热中一样。他要是长生不死，一直占据皇位，那咱们的苦日子啥时候是个头啊！"

另一个也说："是啊，要不咱们还是溜吧，别给他求什么仙药了。"于是，这两个人便带着从秦始皇那儿领来的钱财偷偷跑了。

秦始皇听说有读书人在背后说他的坏话，而侯生、卢生这两个家伙还居然携款潜逃了。他勃然大怒，命令御史大夫彻查此事，将那些在背地里说他坏话的人全部抓起来，最终抓了四百六十多个人，其中有方士，也有儒生。气头上的秦始皇没有多加审问查证核实，就下令将他们在咸阳城外全部活埋了。

秦始皇焚书坑儒，钳制了人们的思想，对中华文化的传承造成了难以估量的损失。但也有学者为秦始皇叫冤，认为他并没有"坑儒"，而是"坑方士"，秦始皇的功绩远远大于过错。

▲ 秦兵俑

焚书坑儒

胡亥即位

公元前 210 年，秦始皇从咸阳出发，巡视东南一带。跟着他一起去的，有丞相李斯、宦官赵高等人。他的小儿子胡亥也想跟他一起去。秦始皇平时就非常喜欢这个小儿子，便答应了。

秦始皇南下，一直渡过了钱塘江，到了会稽郡，再回头北上，到了琅琊（今山东胶南）。他从咸阳出发是冬季，现在都是夏天了。不过在回来的路上，秦始皇觉得身体有些不舒服。在平原津（今山东平原南）这里，他得了病，随从左右的医官给他看病、开药，但是都没有什么效果。

后来走到了沙丘（今河北广宗北）这个地方，秦始皇的病势越来越重，他清楚，自己的病是不会好了，就把赵高找来，吩咐他说："赶紧给皇长子扶苏写信，让他马上回咸阳，万一我不好了，让他主办我的丧事。"但没想到的是，信刚写好，还没来得及交给使者送出去，秦始皇就断气了，一代雄主、统一六国的秦始皇就这样结束了他伟大的一生。

这时，丞相李斯和宦官赵高商量道："这里离咸阳还有很远的路程，不是一天两天就能赶到的，一旦皇上驾崩的消息传了出去，恐怕天下就会大乱，我建议暂时保密，不要发丧，等我们赶回咸阳再说。"赵高点头同意了。

> ### 知识链接
>
> **秦朝法制**
>
> 秦朝的法律对中国的法制史产生了重大的影响。它的核心是法家思想。秦朝法制确立了统一的君主专制中央集权制，影响了中国两千多年的封建王朝。
>
> 秦朝法制十分苛刻，这能够让秦国在战国后期迅速崛起，进而统一天下；但是，秦朝建立后，法律依然十分严苛，终于导致农民起义，秦朝很快灭亡。

他们就这样将秦始皇的尸体安放在车里，放下窗帘，关上车门，外面的人什么都看不见，随从的人当中只有胡亥、李斯、赵高和五六个内侍知道秦始皇已经死了，别的大臣全都被蒙在鼓里。他们的车队照常走在回咸阳的路上，每到一处，文武百官都照常在车外，向车里端坐的秦始皇奏事。

李斯让赵高赶紧派人把秦始皇临死前让写的信送出去，让公子扶苏赶回咸阳。但是这个赵高是胡亥的心腹，他私下里和胡亥商量，准备假传秦始皇的遗诏，将扶苏杀害，让胡亥来继承秦始皇的皇位。本来没有皇帝命的胡亥对此当然求之不得，完全同意赵高的想法。

赵高很清楚，这件事要想成功，不和丞相李斯商量是不行的，于是他就去和李斯说："现在胡亥掌握着皇上的遗诏和玉玺，要决定谁来接替皇位，全凭我们两人一句话，您看这件事应该怎么办？"

李斯大吃一惊，赶紧说："您怎么能说出这种亡国的话来？我们做臣子的，可不能议论这些事啊！"

赵高说："您先别着急。我先问您几个问题，您的才能和蒙恬比，怎么样？您的功劳和蒙恬比，怎么样？您和扶苏的关系，有蒙恬和扶苏好吗？"

李斯被这几个问题问愣了，好一会儿才说："这些，我都比不上他。"

赵高说："如果是扶苏当了皇帝，他一定会让蒙恬当丞相。到了那时候，您就只能回老家，这是再明显不过的事儿。但是公子胡亥这个人就不一样了，他非常善良，待人厚道。如果做皇帝的是他，那么你我可就有享不尽的荣华富贵了。您好好考虑一下我的意见吧。"

李斯仔细地考虑了赵高的建议，他也很担心扶苏继承皇位以后，自己的丞相位置将会不保，所以就听从了赵高的建议，他们与胡亥合谋，伪造了一份秦始皇的诏书给扶苏，说他在外没有立功，反倒怨恨父皇；又说将军蒙恬和扶苏是同党，都应该自杀，让蒙恬的副将王离掌管兵权。扶苏接到这封假诏书，大哭不止，想顺从地自杀。但是蒙恬却起了疑心，认为这封诏书是伪造的，要扶苏向父亲申诉。但是扶苏是个特别老实的人，他说："既然父皇让我死，我还申诉什么？"就这样，扶苏自杀了。

那边，赵高和李斯急急忙忙催着人马往咸阳赶。当时正是夏末秋初，天还非常炎热，没过几天，秦始皇的尸体就腐烂了，散发出一阵阵臭味。

赵高也有办法，他派人去买了好多咸鱼，在每辆车上都放上一筐咸鱼，这样尸体散发的臭味就被咸鱼味给盖住了。

就这样，他们回到了咸阳，这才宣布秦始皇死去的消息，又举行了隆重的葬礼，又假传秦始皇的遗诏，说秦始皇让胡亥继承皇位。于是，胡亥登上了帝位，他就是秦二世。一个无比黑暗的时代就此开始了。

胡亥心里明白，自己这个皇帝名不正言不顺，要想随心所欲地玩乐，一定要先将异己都剪除了，才能高枕无忧。他的宠臣赵高更是对这一点十分清楚，于是他向秦二世献出了一套政策，特点是血腥味浓

到了极点，主要内容是变换刑法，让法律更加苛刻严酷，犯罪的人会被连坐受诛，乃至灭族。此外，他还打算将始皇帝任命的大臣统统换掉，换上赵高自己的亲信。这套政策得到了秦二世的认可，一场血腥屠杀就这样开始了。

首先遭到毒手的是蒙氏兄弟。秦二世本来还想继续任用蒙氏兄弟统领军队，但是因为赵高始终对蒙氏兄弟怀恨在心，便编了一个谎言，说先帝早就想立胡亥为太子，就是被蒙毅阻拦着，才没有立成，于是二世就打消了将蒙毅释放的想法，又把蒙毅关进了代郡（今河北蔚县东北）狱中。

秦二世确定了新策略后，决定先拿蒙氏兄弟开刀，他派人去了代郡的监狱里，宣布了蒙毅几条"罪状"，当然都是子虚乌有的，蒙毅据理力争，使者对二世的用意十分清楚，根本不听蒙毅的申辩，最终逼死了蒙毅。然后二世又派使者去阳周逼蒙恬自杀，蒙恬希望自己可以进谏后再死，但是使者也不答应，蒙恬也只能仰天长叹，服药自尽。

蒙氏兄弟死了以后，秦二世授命赵高主管办案。赵高绞尽脑汁、罗织罪名，诛杀了大批朝臣，这其中有右丞相冯去疾和将军冯劫，他们都觉得"将相不辱"，先后自杀。每位大臣不仅自己含冤而死，亲友往往还要被株连。在这场屠戮当中，赵高趁机在朝廷当中安插亲信，让他的弟弟赵成当上了中府令，女婿阎乐当了

知识链接

指鹿为马

赵高想要叛乱，但是他害怕有的大臣会不听他的指挥，于是他想了一个办法。一天，他带来一只鹿献给胡亥，说："陛下，这是一匹马。"胡亥笑着说："丞相错了吧？这明明是鹿嘛，哈哈哈，爱卿们你们说说这是鹿是马？"

此时大臣们有的沉默，有的故意迎合赵高说是马，有的说是鹿，赵高就暗暗记住那些说鹿的人，加以迫害。

▼ 战车

咸阳县令，其他的要职，比如御史、谒者、侍中等，也都换上了他的心腹。毫无心机的秦二世对此毫不在意，他还以为赵高安插的亲信就是自己的亲信，所以对赵高的安排从来都不管不问。

秦二世对他的同胞兄弟的屠戮是最为惨烈的。有一次在咸阳，二世的十二个兄弟一起被砍头，场面简直触目惊心。公子将闾三人平时行为非常谨小慎微，赵高他们一时编造不出来罪名，就把他们囚禁在内宫里。等其他的公子大都被杀以后，赵高派人告诉他们："你们和臣子不一样，论处死刑，行刑官马上就来执行。"就这样，无辜的他们被杀害了。

那个丞相李斯呢，他害怕自己丢了官，就使出阿谀奉承的本领，写了一篇《行督责书》，意思就是用督察治罪的权术来对付臣民，呈给了秦二世。秦二世一见大喜，全盘采纳，本来秦律就是特别严苛的，现在在秦二世的统治下变本加厉，更加凶残。

除了严酷刑罚，凶狠的秦二世还大兴土木，奴役百姓，横征暴敛，致使民不聊生。他在位期间，不但命人继续修建阿房宫，而且大肆修建骊山墓、驰道等劳民伤财的大工程。另外，秦二世曾下令各郡县往咸阳运送粮草，可让人气愤的是，他竟然要求押运粮草之人自己携带粮食，并禁止他们吃咸阳数百里以内的谷物……在沉重的苛捐杂税以及徭役的压迫之下，大秦日渐国力衰弱，风雨飘摇，走到了濒临灭亡的边缘。

> **知识链接**
>
> **秦朝土地制度**
>
> 秦朝法律承认土地私有制。这就使得地主阶级通过各种手段兼并农民的土地，农民只能当地主的雇农，加上繁重的赋税，这就导致秦末农民起义如星火燎原之势烧遍整个秦国，间接导致秦朝灭亡。

▼ 锄头

陈胜揭竿起义

夏天的一个晌午,烈日当头,骄阳似火,一群农夫正在地头的几棵槐树下乘凉。他们把各自带的干粮堆在一起招呼大家来吃。虽说不是什么美味,但大家都吃得津津有味。忽然,一个二十多岁的男青年感慨说:"诸位分享食物给我,以后我富贵了,肯定不会忘记大家的!"

大伙儿听了都禁不住笑起来:"哈哈,陈胜啊,你就一个小雇农,连锄头犁耙都不是你自个儿的,哪儿来的什么富贵呀?"

陈胜叹了一口气,说:"唉,燕雀安知鸿鹄之志啊!"

陈胜一直不甘心只做一个贫贱的农民,对自己的遭遇愤愤不平,但更不幸的事接踵而至。公元前209年的夏天,陈胜、吴广以及其他的穷苦农民被征发去渔阳驻防,一共九百人。渔阳距离他们的家乡有千里之遥,而规定到达的日期却一点都不能延误。他们集结起来后由两名军官押送,陈胜、吴广被指定为屯长,然后就开始没日没夜地向渔阳进发,生怕误了规定的日期。

那时交通没有现在这么发达,普通百姓出门全靠两条腿。而夏天的雨水又比较多,道路泥泞,

> **知识链接**
>
> **鸿鹄**
>
> 鸿鹄是古人对天鹅、大雁等能飞得很高很远的鸟类的总称。在中华神话中,鸿鹄是白色的凤凰。
>
> **屯长**
>
> 屯长是古代军吏名。战国时期秦国已经设置此官,为五人之长;后来地位稍稍提高,但仍是低级军吏。

▼ 白玉剑首

行进十分艰难。走到蕲（qí）县大泽乡的时候，大水淹没了道路，他们在那里耽误了好几天，就是跑死也不可能按期到达渔阳，这可是死罪啊！

陈胜、吴广聚在一起商量对策。陈胜说："如今我们到达渔阳是死，逃走被抓起来是死，起来造反顶多也是一死。横竖是死，为何不选择为天下百姓而死呢？这样至少轰轰烈烈，也不枉费来人间走一遭。"

吴广说："我同意！不过我没造过反，具体咋个造法呢？"

陈胜说："造反最重要的就是民心。如今秦二世残暴虐杀，百姓对他恨之入骨。而公子扶苏和楚将项燕威信都很高，深受百姓爱戴。虽然他们都死了，但很多百姓还不知道，要是我们以他俩的名义起兵号召天下，反对秦二世的暴政，百姓一定会群起响应的。"

吴广觉得陈胜说得很有道理，两个人商量后决定先把军官干掉。于是，他们故意惹事儿，引得军官鞭打吴广，吴广等人趁机将军官杀害了。

这下事情闹大了，他们都没有回头路了。陈胜把大伙儿召集起来，激动地说："弟兄们！咱们命苦，遇上了这连日的大雨，无论如何也不可能如期赶到渔阳了，按照法律都要被杀头。哪怕真的苍天有眼，饶了咱们的命，可这屯驻边防的人十个人能有一个活着回来吗？横竖是死，男子汉大丈夫，不死则已，死就得有个名堂。难道大家就甘心活得如同蝼蚁吗？王侯将相宁有种乎！"

大伙儿听了陈胜的话后心潮澎湃，纷纷振臂高呼："说得好！""没错！王侯将相宁有种乎！"

陈胜、吴广看到大家也有此意，于是决定立即起义，陈胜、吴广被推选为首领。他们打着扶苏、项燕的号令起兵，一面派人上山砍伐树木当武器，一面用竹竿撑起一面大旗，上面绣了一个大大的"楚"字。接着，他们很快就攻占了大泽乡。消息传开，附近的穷苦百姓纷纷扛着锄头、铁耙和扁担来投靠他们，起义军一下子壮大了好几倍。陈胜、吴广带着起义军从大泽乡出发，一举攻克蕲县，接着又接连攻下了周围的几座县城。等打到陈县的时候，起义军拥有六七百辆战车、一千多名骑兵、几万名步兵，成为一支不容忽视的大部队。占领陈县后，陈胜在这里建号称王，国号"张楚"。

陈胜、吴广队伍的壮大引起了秦二世的恐慌，他派出秦将章邯出兵讨伐。起义队伍毕竟是临时组建，士兵缺乏训练，战斗力不足，抵挡不住正规军。在章邯的进攻下，起义军接连失利，陈胜、吴广也被内奸杀死，起义最终以失败告终。这是中国历史上第一次大规模农民起义，虽然没有成功，但它揭开了反抗暴秦的序幕，沉重打击了秦朝的残暴统治。

刘邦斩白蛇

> **知识链接**
>
> **亭长**
>
> 秦朝时，地方行政区划从高到低是郡、县、乡、亭、里，亭是乡以下的一级行政机构，亭的长官称亭长，是基层地方官员。

▼ 青铜剑

刘邦，字季，生于沛县丰邑（今江苏丰县）一户普通人家。他身材魁梧，额头宽阔，相貌堂堂，气宇不凡。但刘邦这个人游手好闲，不爱劳动，他老爹一直觉得这个儿子没啥大出息，不怎么喜欢他。不过刘邦也不在乎，他生性豪爽，爱交朋友，比如屠夫樊哙、马夫夏侯婴、卖布的灌婴、监狱小吏曹参、吹鼓手周勃、县衙官吏萧何等。这些人都是草根出身，对刘邦十分敬佩。后来，刘邦通过朋友当上了泗水亭长，差不多相当于现在一个乡长。

公元前209年，刘邦押送一群民夫到骊山服劳役，当时兵荒马乱，民夫不愿去服役，路上逃跑了不少。刘邦知道自己无法交差，心急如焚，这在当时可是杀头的大罪！到了晚上休息的时候，他一想，干脆把剩下的民夫都放走，然后自己也准备逃命去。大家谢过刘邦后逐渐散去，最后剩下十几个年轻力壮的汉子没有走，他们对刘邦说："刘亭长，如今天下纷乱，我们就算走了也不一定能活下来，不如跟着你干！请你带着我们闯出一条路吧！"刘邦听了非常高兴，于是和这十几个人席地而坐，开怀畅饮。

夜深了，还带有几分醉意的刘邦带领大家继续赶路。经过一片沼泽时，有人禀告刘邦说前面路上有一条巨蛇，最好还是绕道而行。刘邦听后呵斥道：

秦亡汉兴 | 刘邦斩白蛇

"大丈夫行路无所畏惧！你们闪开，我去杀了那条蛇！"说完，他手提佩剑走到巨蛇面前，一剑劈下，巨蛇便成了两段。一行人跨过死蛇继续前进，走了几里地后，刘邦酒劲涌上来，就倒在路旁睡着了。

这时，一个路人经过刘邦刚刚斩蛇的地方，发现一位老妇人正在抚蛇痛哭。他觉得很奇怪，便走上前去问道："这蛇是怎么回事？您为何如此伤心啊？"

老妇人哭着回答说："我儿子是白帝之儿，他现身为蛇，盘踞在路间休息。不想遇见了赤帝的儿子，他觉得我儿子挡了他的道路，把他砍成两段。"路人觉得这老妇人一定是疯子，满口胡言乱语。正想说她几句呢，可一眨眼，老妇人竟然消失不见了。他追上刘邦一行人，把那老妇人的话一五一十地告诉了刘邦。刘邦听了心中暗喜，大家也都觉得刘邦与众不同，对他更加敬重。后来刘邦带着他们来到芒砀（dàng）山一带，此后那里常常出现怪异的现象。于是，刘邦能够感

蛇是四肢退化的爬行动物的总称，它的全身布满鳞片

应天界的传说便不胫而走,越传越神,沛县中的年轻人听说后都来投奔他。

陈胜、吴广在大泽乡揭竿而起,反抗暴秦的消息传遍天下,各地纷纷响应,沛县百姓也按捺不住了。沛县县令胆战心惊,就把萧何、曹参找来商量对策,打算顺应民意,打出反秦的旗号。萧何、曹参表面上答应了,但他们却想和好朋友刘邦一起成事。于是,萧何对县令说:"造反可以,但我们得把刘邦请来,刘邦在这一带名气很大,要是刘邦来了,百姓们肯定会更拥护我们的。"

糊涂县令居然同意了。于是,刘邦光明正大地进了城,占领了沛县。没过多久,县令就被刘邦等人杀了。接下来,他们开始四处招兵买马,很快将起义队伍扩充到三千多人。之后,在众人的拥护下,刘邦带领大家开始了轰轰烈烈的反秦斗争。

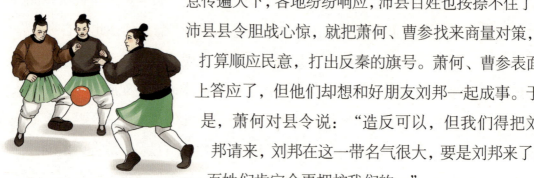

▲ 历史悠久的蹴鞠

蹴鞠早在春秋战国时期就出现了,其含义就是用脚踢球,当时作为一种娱乐游戏,到了汉代,蹴鞠成了练兵的一种形式。

巨鹿之战

项羽是秦末时期另一位抗秦英雄。和刘邦不同,他出身贵族,家世显赫,祖父是楚国名将项燕。项羽从小没了父母,靠叔叔项梁抚养长大。他长得十分魁梧,力大无穷,能够举起千斤重的大鼎,但他从小就不喜欢学习。小时候叔叔项梁教他念书,他念了几天就不耐烦了;项梁又教他学剑,他学了一阵子也不想学了。项梁很生气,就骂他没有出息,项羽却反驳说:"念书写字,也就记记姓名罢了;剑术再好,顶多打得过一两个人。我要学的是那种可以战胜成千上万人的真本领。"听到他这么说,项梁觉得挺高兴,认为他胸有大志,就教项羽兵法,告诉他这就是能战胜千万人的真本领。可是他只懂了点皮毛,就不愿意再继续学习了。有一天,项梁无意打死了人,触犯了法律,于是便带着项羽逃到会稽郡的吴中隐居下来。

一次,秦始皇南巡经过吴中,百姓们都去围观看热闹,项梁和项羽也夹在人群里头。当秦始皇威风八面地经过他们面前时,项羽对项梁说:"有什么了不起的,我可以取代他!"项梁吓得赶快捂住他的嘴巴,悄悄警告说:"你小子不要命啦?这话岂能乱说,被告发了可是要灭门的呀!"然后赶紧拉着他走了。

这一年,秦始皇在回咸阳的途中突然去世。第二年,胡亥继位,他残暴异常,杀了很多大臣和皇族,百姓也深受其害。这时,陈胜和吴广已经在大泽乡揭竿而起了,天下百姓群起响应。项梁看到为楚国报仇的机会来了,就和项羽一起杀掉了会稽郡守,然后召集八千吴中子弟兵起兵反秦。

过了不久,项梁听说陈胜已经被秦将章邯打败,他赶紧带着子弟兵渡江北进,攻下下邳(今江苏徐州南)。此时,一些零散的反秦队伍和地方武装纷纷投到项梁的队伍中去,如陈婴、英布、吕臣等,没过多久,项梁就拥有了一支六七万人的队伍。为了让自己师出有

> **知识链接**
>
> ### 《孙子兵法》
>
> 《孙子兵法》成书于约2500年前的春秋时代,作者是从齐国流浪到吴国的孙武。《孙子兵法》既是中国现存最早的兵书,又是世界上最早的军事著作,被誉为"兵学圣典",成为中国古代军事文化遗产中的璀璨瑰宝。
>
> 《孙子兵法》在大约短短的六千字中,书写了极为深刻的谋略与智慧;不仅用于指挥作战,其原理也被广泛应用于商业竞争、企业管理、外交谈判等领域。

▼ 青铜釜

名，也为了收拢人心，他千方百计找到楚怀王的孙子，然后立他为楚怀王，以楚王的名义号令天下，讨伐暴秦，反秦队伍有了一个明确的领袖。后来，项梁领兵北上攻打章邯，结果在定陶（今山东定陶）兵败被杀。项羽、吕臣等将领只好率兵先撤到彭城一带坚守。

在成功杀掉项梁之后，章邯并没有追击项羽和刘邦，而是转而突袭自称赵王的赵歇。赵军没有丝毫防备，方寸大乱，全线溃败，最终赵军残余只好退到巨鹿一带。章邯乘胜追击，派王离率领军队将巨鹿周围团团围住，自己则负责接济粮草。赵歇见情势危急，赶紧派人向楚怀王及其他六国旧贵族求救。楚怀王得知消息后，马上派项羽、宋义北上救赵。

宋义担任军队主帅，他听说秦军兵强马壮，害怕战败，就故意走走停停，不想出力。项羽是个急性子，多次请他赶快进兵，但宋义慢吞吞地说："你不懂用兵之道。此时秦军正在攻打赵军，如果秦军赢了，一定兵困马乏，我们就能轻而易举消灭他。如果他输了，那我们正好乘机西进，一举推翻秦朝。反正我们的目标是消灭秦军，只要达到目的不就行了吗？论冲锋陷阵，我不如你；但要说出谋划策，你可就比不上我了！"

但项羽不认同宋义的做法，他知道，假如赵王被灭，起义军的势力就会被削弱，所以一直着急进军。有一天，项羽实在忍无可忍，于是冲进宋义的营帐中一剑砍死了他，然后向全体将士宣布："宋义按兵不动，意图谋反。我奉怀王密令，将其诛杀。"将士们本来就对宋义有意见，现在听说他死了，便一致推举项羽为代理上将军，一切听从他的指挥。

秦亡汉兴 | 巨鹿之战

于是，项羽便放开手脚，他先派英布、蒲将军担任先锋，率领两万士兵渡过漳河抢占对岸阵地。然后他亲率剩下的兵马渡河去解巨鹿之围。

在渡过漳河之后，项羽命令士兵准备好三天的干粮，然后让大家凿沉渡河用的船，砸破做饭用的釜，以此来表达自己有进无退、誓夺胜利的决心。很快，他

▲ 行军青铜釜

指挥楚军包围了王离的军队。楚军将士全都抱着必死的决心在战斗，他们争先恐后地冲锋，个个以一当十，与秦军展开了九次激烈的战斗，终于击败秦军，并俘虏了王离，章邯带着残兵败将赶紧撤退。在巨鹿之战中，楚军以少胜多，项羽一战成名。那些六国旧贵族派来的援军原先惧怕秦军，不敢进攻。如今看到项羽大获全胜，对他们又是佩服，又是害怕。从此项羽就当上了上将军，统率着六国旧贵族的军队。

章邯派人到咸阳求救，但赵高正忙着篡权，故意避而不见，理都没理。章邯进退两难，不知该如何是好。赵王的谋臣陈余乘机写信给章邯劝他投降，章邯无奈，只好投降了项羽。巨鹿一战，项羽率领的楚军击溃了秦军主力，扭转了整个反秦战争的局势，是中国历史上以少胜多的著名战役。

知识链接

子婴

子婴是秦朝第三位皇帝，也是秦朝最后一位统治者，在位仅46天。起初被称为皇帝，后来改成秦王，史称秦王子婴。

鸿门宴

在项羽与章邯作战的同时，刘邦也没闲着，他奉命带兵趁着秦国国内空虚去攻打秦都咸阳。公元前206年秋天，刘邦带领十万大军攻进咸阳，秦王子婴出城投降。

在出发前，义军的领袖楚怀王曾说"先入关者为王"。虽然刘邦此时的实力与项羽相差甚远，但因为项羽被秦军主力牵制，腾不出手攻打秦都，所以刘邦就捷足先登了。

刘邦也是聪明人，他知道自己还不是项羽的对手，不能得罪他，于是便下令封闭了秦宫室的金银财宝，然后撤退到咸阳东郊的灞上（今陕西西安东）乖乖等待项羽的到来。

项羽听到刘邦已经率军攻占咸阳的消息后心急如焚，率领大军日夜兼程，很快打到一个叫新丰鸿门的地方，距离刘邦所驻的灞上不是很远了。

项羽在鸿门安营扎寨后，就和自己的亚父谋士范增商量对策。这时，刘邦的一个部下曹无伤偷偷派人来告诉项羽说："大王，刘邦入关后将宫府库房中的金银财宝都据为己有，他准备称王，让秦王子婴做宰相呢！"

一听这话，项羽勃然大怒。范增知道刘邦野心不小，如果不趁现在杀掉他，恐怕会后患无穷。于是他劝项羽设宴招待刘邦，然后在席上杀掉刘邦。项羽采纳了他的建议。

项羽的话被他的叔父项伯听见。项伯和刘邦军中的张良是多年好友，他担心张良会被刘邦牵连，于是便在夜里快马加鞭来到灞上，把消息透露给张良，让他赶紧逃走。

张良说："沛公（刘邦）有难，我一个人偷偷逃跑，太不仗义了，非大丈夫所为。"说完，他便立即把这件事告诉了刘邦。刘邦听完大惊失色，不知所措，张良建议他向项伯求救，于是刘邦连夜大摆宴席，请项伯喝酒。

席间，刘邦对项伯说："我自从进驻灞上以来

> **知识链接**
>
> **樊哙**
>
> 樊哙是西汉开国元勋，官至大将军，左丞相，著名军事统帅。樊哙是刘邦麾下最勇猛的战将，也是刘邦的老乡，曾在鸿门宴上出面营救汉高祖刘邦，但是刘邦最终因为不信任他而要将他赐死，幸因刘邦先他而死得免。

▲ 青铜爵

啥都没动，只是登记了一下户籍，查封了秦朝的仓库，然后日日夜夜都在盼望项王早日到来。我派军队把守关口只是为了防止盗贼，绝没有任何抵御项王的意思。希望先生务必在项王面前替我美言几句，明天一早，我便亲自登门向项王谢罪。"

次日清早，刘邦带着张良等人亲自来给项羽赔罪。他一走进项羽的大帐，就感觉到气氛有些紧张。此时，项羽正襟危坐，左右两边站着项伯和范增，武士们则个个满身杀气。刘邦赶紧上前参拜："不知将军驾到，有失远迎，万望恕罪。"

项羽没好气地说："你派人守关，别有用心，还说什么有失远迎！"

刘邦说："我与将军共同伐秦，虽然我先入关，但我日夜都在盼望将军早日到来，怎敢有抗拒将军之心？就连秦王子婴也是打算专门等您来了之后再行处理。

希望将军切莫轻信小人谗言，冤枉了好人呐！"

项羽听信了刘邦的话，于是朗声大笑道："我原本并没有怀疑你，都是你的手下曹无伤派人来向我告密的。既然你无意违背我，那就坐下喝酒吧！"说完，项羽便让刘邦入席。

范增深知刘邦深谋远虑，胸有城府，颇有天子之气。如果这次不动手，再想杀他就难了。酒宴上，范增多次示意项羽动手，但都被项羽置之不理。范增心中着急，便找借口出去召来项羽的弟弟项庄，对他说："大王优柔寡断，刘邦自己来送死，我几

知识链接

鸿门宴上的座次

《史记·项羽本纪》记载："项王、项伯东向坐，亚父南向坐，亚父者，范增也。沛公北向坐，张良西向侍。"意思是说项王坐西向东，最为尊贵；张良坐东向西，最为卑贱。刘邦的座次不及范增，很明显项羽轻视刘邦。

▼ 鸿门宴

次示意他都不忍下手。不能放刘邦回去,你现在快去营帐,以舞剑为名,找机会杀了刘邦。"

项庄听后马上来到宴席上,他先为刘邦敬酒,然后说:"今天项王和沛公饮酒作乐,却无可助兴,岂不有煞风景。这样吧,我为各位舞剑助兴吧!"项羽应允,项庄便拔剑挥舞起来。那剑闪着寒光,越舞越近,直逼刘邦,几次都差点刺中。

张良知道他醉翁之意不在酒,于是用眼神示意项伯。项伯看到之后也连忙拔剑跟项庄对舞,乘机掩护刘邦,使项庄下不了手。张良乘机出去把帐外的樊哙喊了进来。

樊哙长得高大威猛,一听说主公有危险,便持盾拿剑硬闯了进去。项羽被突然出现的这个身高膀阔、怒发冲冠的彪形大汉惊到了,问道:"你是何人?"

张良在旁边替他答道:"这是沛公的车夫,姓樊名哙。"

项羽哈哈一笑,说道:"好一个魁伟的壮士,来人,赐酒!"

手下人听了赶紧拿来一斗好酒,樊哙一饮而尽。项羽又命人将一块生猪肘子递给他,樊哙接过去后直接用剑把猪肘子切开便大吃起来。

项羽见状就问他:"壮士还能再喝点吗?"

樊哙粗声粗气地回答说:"我死都不怕,还怕喝酒吗?当年秦王残暴,杀人如麻,逼得天下人揭竿而起。为了推翻暴秦,楚怀王与大家约定先入关中者为王。如今沛公先入了咸阳,但他封闭宫室,退兵灞上,啥都没拿,

▼ 汉代青铜鎏金盾牌

盾牌是一种手持格挡,用以保护身体,可抵御敌方兵刃、矢石的兵器。盾牌呈长方形或圆形,也有其他形状的,其尺寸不等。盾的中央向外凸出,内面有数根系带,以便使用时抓握。

就等大王您来了。他劳苦功高,对您又忠心耿耿。您非但不赏,反而听信谗言要杀害功臣,那您和这秦王有啥区别?所以,我冒死也要来相救!"

樊哙这一席话怼得项羽哑口无言,张良趁机目视刘邦,示意他快逃。刘邦会意后便以上厕所为由,带着樊哙走出帐外,赶紧逃回灞上,脱离了虎口。

事后,范增仰天长叹:"唉!项王如此优柔寡断,将来与他争夺天下的必定是刘邦这个家伙,我们都等着当俘虏吧!"

楚霸王乌江自刎

鸿门宴之后,项羽率兵进驻咸阳,一把大火烧了阿房宫。随后他自立为西楚霸王,然后分封诸王,将刘邦分到处于群山之中的汉中。这还不放心,项羽又把关中一分为三,分封给章邯、董翳(yī)、司马欣三名秦将,目的是牢牢看住刘邦,让他这辈子都别想出来了。

谁知第二年,刘邦采纳了韩信的计谋,明修栈道,暗度陈仓,居然从汉中盆地跳了出来,开始与项羽争夺中原。

项羽刚愎(bì)自用,有勇无谋,性格残暴,手下谋士和能人知道他不能成事,逐渐离他而去,仅剩的范增也被他疏远,不受重用。而刘邦胸怀宽广,

知识链接

《范增二首》其一

北宋政治家王安石曾写过一首七言绝句,对谋士范增做了一番评价:

中原秦鹿待新羁,
力战纷纷此一时。
有道吊民天即助,
不知何用牧羊儿?

秦朝末年天下大乱,很多势力都在逐鹿中原,谁是最后赢家,尚未可知。

但是获胜的决定性因素是什么呢?根据"有道吊民天即助"这句可以看出王安石认为"有道"是关键,从历史发展规律来看,这种观点也是正确的,义军口号就是"伐无道,诛暴秦"。

然而,当项梁、项羽具备了雄厚的实力,民心也竞相依附时,上天也必定助他们灭秦,离胜利仅一步之遥。但范增却提出"复立楚之后"的建议,虽然有利于争取楚地的人心,但失去了天下的人心,同时也受制于新立的楚王,为项梁、项羽军队的灭亡埋下了伏笔。

知人善用，兵多将广，战争的天平逐渐偏向刘邦那一方。

公元前202年，刘邦与韩信、彭越约定了夹击项羽的日期。可到了那天，韩信、彭越却没有及时带兵会合。刘邦得不到救援，在固陵遭遇大败，只好退兵坚守。

刘邦非常生气，问张良："他们为何不来和我会合呢？"

张良回答说："道理很简单，如今灭楚已是指日可待，但大王还没有给韩信和彭越任何封地，所以他们不肯出力。"

刘邦恍然大悟，于是派使者给他俩传信说："两位助我灭楚以后，将陈县以东到海滨一带封给韩信；把睢（suī）阳以北直到谷城的土地分给彭越。"这两位一听这话，表示马上就能出兵，于是各路人马都率军前来。汉军会合后，将项羽围困在垓下（今安徽灵璧）。

此时项羽的兵力已经大大折损，粮草也已经所剩无几，整个楚军一片哀叹之声。而汉军兵多粮足，将项羽围得水泄不通。

夜里，汉军把俘虏的楚军抓来，让他们到阵前唱起楚地的歌曲。楚军士兵听到后以为楚地已经被汉军打下了，更加心灰意冷、无力抵抗了。

项羽身边有一个美丽的女子叫虞姬，她一直陪伴在项羽身边，很受宠爱。项羽还有一匹十分珍爱的宝马，取名为乌骓（zhuī）。可如今，叱咤风云的西楚霸王竟然沦落到这种地步，连心爱的虞姬和乌

▲ 韩信

韩信是中国历史上著名的军事家，西汉开国功臣，与萧何、张良并称汉初三杰。

骓马都保不住。

想到这里,项羽不禁悲从中来,他高声唱道:"力拔山兮气盖世!时不利兮骓不逝!骓不逝兮可奈何?虞兮虞兮奈若何?"项羽反复吟唱了好几遍,虞姬也在一边作诗应和,一股苍凉之气回荡在整个营帐。

虞姬知道大势已去,她不想拖累项羽,于是趁他不备拔剑自杀了。

埋葬了心爱的女人后,项羽跨上战马,趁着夜色,率领八百多名骑兵向南突围。一直到天快亮的时候,汉军才发现他们。刘邦赶紧命令灌婴率领五千骑兵火速追击。等项羽渡过淮河,追随他的骑兵只剩下一百余人了。

到达阴陵之后,项羽迷了路,不知道该往哪走。于是他问了一位田里的老翁,那老翁骗他说向左。项羽没有防备,结果走到一片大沼泽地去了。他们在这里被汉军追上,经过一番苦战,项羽只剩下二十八骑。

项羽脱险后对身边的骑兵们说:"从我起兵抗秦算起已经有八年了,这八年间,我亲历过七十多次战斗,从没打过败仗。可如今狼狈逃窜,却被困在这里。今日凶多吉少,我要再带领大家奋力拼杀一次,让各位知道是上天要亡我项羽,不是我作战的过失。"

说完,他将骑兵分成四队,下令往四个方向突围,然后再会合。项羽一马当先,叫喊着冲向敌阵,其他人也紧随其后。汉军虽然人多势众,但见到项

> **知识链接**
>
> **楚歌**
>
> 楚歌指流行于古代楚地的民歌。其中,项羽的绝命之作《垓下歌》和刘邦的还乡之作《大风歌》均为楚歌的代表作。
>
> 楚歌在形式上与《诗经》的四言体差别明显,常在隔句的末尾用"思"或"兮"字结尾,并形成了独特的韵律,受到秦汉时期帝王的喜爱。

▼ 玉天马

羽还是十分惧怕，纷纷后撤。项羽奋力突围，一人就杀了近百名汉军。等会合之后，他的二十八骑只损失了两名。

项羽率领他们且战且退，到了乌江江边。乌江亭长同情项羽的遭遇，他把船划到岸边劝项羽上船逃走，来日东山再起。

项羽说："我带着八千江东子弟渡江，如今没有一个人生还，我还有什么脸面去见江东父老呢？"

他谢绝了亭长的好意，让他把乌骓马带走，然后就拔剑自刎，去见心爱的虞姬了。

> **知识链接**
>
> **李清照咏项羽**
>
> 宋代女词人李清照写过一首《夏日绝句》："生当作人杰，死亦为鬼雄。至今思项羽，不肯过江东。"赞颂项羽的英雄气概，并为他的死深深惋惜。

闯关小测试

1. 建议秦始皇焚书的人是（　）
   A. 商鞅　　B. 李斯　　C. 韩非

2. 下列哪位起义军首领最先率军攻入了咸阳？（　）
   A. 陈胜　　B. 项羽　　C. 刘邦

3. 刘邦最后打败项羽是在哪次战役上？（　）
   A. 巨鹿之战　　B. 垓下之战　　C. 定陶之战

参考答案：1.B　2.C　3.B

西汉初期

汉朝刚建立时,实行郡国并行的制度,地方上既有郡县,也有王国。诸侯王的地位远高于郡,这就埋下了叛乱的伏笔。

汉初百业凋敝,民生艰难,马的价格昂贵,就连皇帝都只好坐牛车。汉初统治者信奉黄老之术,无为而治,与民休息。

一个叫晁错的官员说服了景帝,削藩拉开帷幕。

田横与五百壮士

> 知识链接
>
> **西汉**
>
> 秦朝暴政,最终被义军消灭,后来经过楚汉之争,刘邦成了最后赢家,建立了汉朝,史称西汉,都城设为长安。
>
> 西汉存在二百多年,与东汉统称为汉朝。

在秦朝末年的群雄逐鹿中,刘邦成为最后的赢家,但许多失败者的故事同样可歌可泣。除了项羽,还有田横和他的五百壮士。

田氏是齐国的大族,到了秦末依然很有势力。田儋和他的堂弟田荣、田横几人都是英雄豪杰,深受当地百姓爱戴。陈胜起兵的时候,田儋就杀了当地县令自立为王。后来田儋和田荣相继战死,田荣的儿子田广被立为齐王,田横担任丞相。他们与其他人一起卷入到秦末的群雄争霸之中。

汉王刘邦曾派说客郦食其（lì yì jī）去齐国劝说齐王田广和齐相田横联汉抗楚。田广、田横都同意讲和，并派出使者去签约。但当时汉将韩信正在攻打齐国，他不愿被郦食其抢了功劳，于是无视合约，继续攻打齐国。韩信一路势如破竹，很快就打到齐都临淄。田广和田横一见汉军兵临城下，以为汉军言而无信，觉得是郦食其出卖了他们，于是就把郦食其活活煮了。

韩信等人击破齐国后俘虏了齐王田广，齐相田横带着残部逃走，并且自立为王。他先是投奔彭越，可后来彭越归顺了刘邦，田横只好带着五百余人再次逃到一个海岛上。

▲ 长信宫灯

刘邦即位后，听说田横逃到海里去了，还是不太放心。他派人传信给田横说："你快回来吧，别躲着了，我可以赦免你的一切罪过"。但田横害怕刘邦再次言而无信，于是推辞说："我是戴罪之人，曾烹杀了陛下的使臣郦食其。听说郦食其的弟弟郦商已经贵为汉朝的将军，他怎么会放过这个杀死他哥哥的凶手呢？不是我不想去，是不敢啊！请让我们在这里安安静静地做个普通老百姓吧。"

使者回来如实报告给刘邦，刘邦听后认为田横是在对抗自己，更加放心不下，无论如何都要收服了田横才行。于是，他召来郦商，说："朝廷想招降齐王田横，但他担心你因为当年的事情报复他，所以迟迟不敢前来。如果你们有人敢伤害田横那些人，我一定将他夷灭三族！"话说到这个份上，郦

知识链接

郦食其

郦食其是秦末陈留高阳乡（今河南杞县西南）人，好读书，为里监门吏，时人谓之"狂生"。于六旬后投刘邦，作为说客他经常到访各个诸侯国，后被齐王烹杀。

商还敢说什么？他连忙答应："大局为重，一切听从陛下安排，我不会再念私仇旧怨了。"然后，刘邦又派使者上岛劝降他们，最后还威胁他们说要是再不归顺，汉朝就要派兵上岛了。

事到如今，田横只有离岛归顺一条路可走了。于是，他带了两名随从，先行随使臣前往洛阳。走到尸乡（今河南偃师）的时候，田横依然感到忧惧不已。于是他向使臣请求说："陛

> **知识链接**
>
> **夷三族**
>
> 夷三族是一种秦汉时的刑名，是对大逆不道的政治犯而实施的刑法。
>
> 关于三族，有人说是父母、兄弟、妻子三族，有人说是父亲、母亲、妻子三族。秦末时期被处以夷三族的就有丞相李斯和宦官赵高。

▼ 田横五百义士墓

下高贵之躯，我们都是下等草民蓬头垢面的，可别玷污了陛下的眼睛。是不是先洗沐修饰一番，以示庄重？"使臣一听确实有必要，于是决定稍作停留，让他们收拾一下自己。

趁使者出去的时候，田横对两名随从说："当年我和汉王平起平坐，如今人家做了天子，而我却沦为草寇，这种耻辱你们是否能理解？况且当年我烹掉了郦食其，现在又要和他的弟弟同朝为官，我实在没脸见他啊！刘邦这个人狡诈得很，他召见我只不过是怕我们据岛自重。假如看到我的人头，他应该就放心了。待会儿你们带着我的头颅去见刘邦，他一定不会再为难你们了。望两位珍重！"说完，他不等随从反应过来就拔剑自刎了。两位随从悲痛万分，但也只能捧着田横的头去见刘邦。

刘邦见到田横的人头后说："哎呀，真是可惜，田氏三兄弟相继称王，肯定都是贤德之人。朕失去了一位人才啊！"但其实他心里很高兴，吊着的那块石头终于落地了。刘邦下令以王侯的身份厚葬田横，并且加派了两千士兵协助办理丧事。那两位一起来的随从也被封为都尉。等丧事办完后，两位随从立刻在田横的墓旁自杀身亡。刘邦听到消息后颇感震惊，觉得田氏兄弟果然善于招揽才士，身边人竟然对他如此死心塌地，生死相随。

处理好这边的事情后，刘邦又派使臣到岛上去，想把田横的五百名亲信都召还回来。然而使者很快就回来了，他对刘邦报告说："回禀陛下，岛上那五百名田横的亲信听闻田横已经自刎,马上全部自杀了。他们以此来表示对田横的忠心。"刘邦听了唏嘘不已,被那五百壮士的贞节与义气所感动,下令将他们厚葬。田横与五百壮士死去后,刘邦便少了一块心病。

叔孙通制定朝仪

刘邦当上皇帝以后,按例自然要论功行赏。刘邦认为萧何功劳最大,于是封他做酂侯。这下许多大将军提意见了,他们都觉得自己冒着生命危险冲锋陷阵,攻城略地,为汉朝立下汗马功劳,而萧何在后方就动动嘴皮子,摇摇笔杆,凭什么给他记头功!于是,大家便在朝堂上叫嚷起来。刘邦见状也动了肝火,就问道:"你们知道打猎吗?在打猎时追捕野兽的是猎狗,发号施令的是人。你们这些人只会冲锋陷阵,如同猎狗,而萧何是发号施令的人。如果没有他运筹帷幄,你们怎么能打赢呢?"

大将们一听刘邦把他们比作猎狗,更加不服气了。他们在朝堂上大声喧哗,狂呼乱叫,还有人甚至拔出剑来砍宫殿上的柱子,简直乱作一团。刘邦本身就没什么文化,他手下这帮将领更是大字不识的大老粗,出现这种局面也就不奇怪了。刘邦很气愤,他可是皇帝啊,朝堂却混乱不已,大臣们一点礼仪都不懂,这怎么行?

就在刘邦正为这事儿头疼不已的时候,儒生叔

▲ 西汉初年的铁铠甲

知识链接

朝仪

朝仪是古代帝王临朝的一种礼仪。因为各个朝代制定朝仪的官员的思想不同,所以朝仪也各不相同。不过其内容无外乎大臣如何朝拜君王。

孙通出现了。他以前在秦朝做过博士，后来投奔汉朝。因为刘邦一向讨厌儒生，所以他在朝堂上并没有什么地位。他看出了刘邦的心思，于是去见刘邦说："陛下，当初争夺天下的时候儒生没多大用；但如今陛下已经得了天下，儒生的作用就显现出来了。我愿到之前叫鲁国的地方征集那些懂礼仪的儒生，为陛下制订朝仪，整治朝堂秩序。"

刘邦激动地说："那太好了，你快去吧！"接着，他又问："那玩意儿是不是都挺复杂的？好不好学呀？"

叔孙通说："礼仪不是一成不变的，会随着朝代而变迁。我们可以参考古代的礼仪和秦朝的礼仪，再根据我朝的需要，制订出一套新的礼仪出来。"

刘邦说："那你试一试吧！最好能简单点，让那些大臣都能学会！"

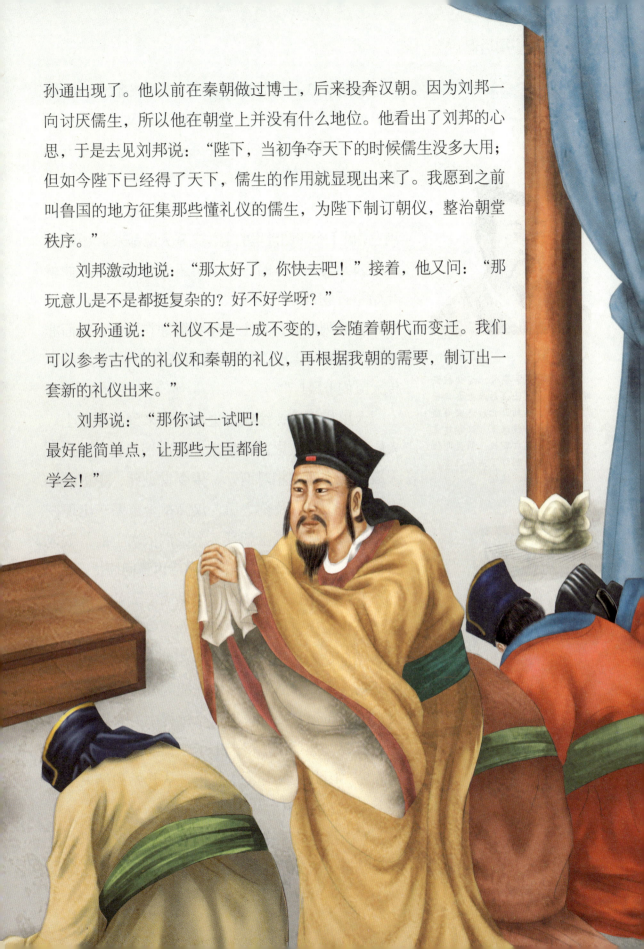

▲ 叔孙通

叔孙通是薛县人,起初被任命为秦待诏博士,后来被秦二世封为博士,秦朝灭亡后逃回薛城旧地,后来转投汉军。汉朝建立后,为刘邦制订朝议。刘盈即位后,叔孙通又制订了宗庙仪法。司马迁称其为"儒宗"。

于是,叔孙通找来约三十个懂得古代礼仪的儒生,然后带着朝堂上有学问的侍臣以及他自己的弟子共一百多号人,来到长安郊外的一间草棚里开始制订并演习朝仪。

学习了一个多月终于完事了,汉高祖看了之后挺满意,就下令叫朝廷里的全体文武大臣都来学习朝仪。

公元前200年的一天,天还没亮,皇宫里面就开始举行朝拜皇帝的仪式了。宫门外,大臣们依官职高低分列两队,卫士手握兵器守在两旁,场面非常威严。不一会儿,传令官高声喊道:"圣上有旨,传大臣们上殿!"

大臣们闻言,缓缓走进宫内,来到大殿之上。太尉等武官在大殿西侧站定,而丞相等文官则站于大殿东侧,他们相对而立。传令官见此,走进内宫去请皇帝上朝。片刻之后,汉高祖坐着辇车出现在众人面前,接受群臣朝拜。大臣们依次上前恭敬地自报官职、姓名,行跪拜礼,然后再退回原位。

等朝拜完毕,汉高祖又摆设酒宴大礼。群臣恭敬地坐在殿上,按照尊卑次序向皇帝敬酒。当然,这酒完全是为了礼仪上的需要,可不能敞开了肚皮随便喝。因此,酒宴上最多只能喝九巡酒,到了就会有人宣布停止喝酒。在这个过程中有专门的官员负责监察,凡是在礼仪上出了差错的大臣就会被请出酒席。因此大家都不敢怠慢,从开始到结束没有一个人敢喧哗失礼。

等朝拜仪式结束以后,布衣出身的汉高祖心情舒畅,第一次知道了做皇帝的尊贵。于是他任命叔孙通为太常，并赐给他五百斤黄金。

叔孙通制订的朝仪制度，极大地改善了之前朝堂杂乱无章的情况。自此，君臣之间有了一套完善的礼仪规矩，皇帝代表着最高权威，而臣子则变成了皇帝的忠实奴仆。

刘邦被围白登山

刘邦战胜项羽，建立了汉朝。因为常年战乱，汉朝初期国力非常衰弱，所以，刘邦称帝之后首先要做的事情就是恢复经济，大力发展生产。而此前一直饱受秦王朝打击的匈奴人却趁中原战乱之机，渐渐强大起来。可想而知，觊觎中原许久的匈奴人不会错过这么好的机会。于是，他们果断挥兵南下，到中原烧杀抢掠，大肆搜刮财物，甚至掳走很多无辜的百姓做奴隶。就这样，匈奴渐渐成了汉朝的心腹大患。

为了守住汉朝疆土，刘邦派异性诸侯王韩王信抵御匈奴入侵。但可惜的是，韩王信根本不是匈奴人的对手。双方多次交战，韩王信败多胜少。刘邦生性多疑，怀疑韩王信有意投靠匈奴。韩王信担心性命难保，干脆铤而走险造反叛乱，勾结匈奴攻打汉军。

公元前200年左右，刘邦决定亲自迎击匈奴，于是他率二十多万大军浩浩荡荡地出发了。不久，势如破竹的刘邦大军就大败韩王信的主力军，斩杀了不少韩王信麾下的大将。而韩王信一路灰溜溜地逃到

知识链接

跪拜礼

跪拜礼是古代流行的一种交际礼仪。

最早的时候，人们并没有发明出凳子、椅子，吃饭时站着吃又不方便，所以人们便两膝及地、让臀部坐在脚后跟上，这其实就是标准的跪姿，但是刚开始人们叫它坐姿。

拜就是先坐直上半身，再俯下身子，向着受拜人的方向伏地致礼，所以最早的跪拜没有阶级的含义。直到后来凳子、椅子、高座等坐具被发明，"坐"和"跪"的含义逐渐被分开，跪拜礼才有了阶级含义。

了匈奴，准备联合匈奴反击。可让人没想到的是，双方几次交战，匈奴都以惨败告终。

捷报频传让刘邦彻底放下了戒备之心。他后来听说匈奴的冒顿单于当时正驻扎在代谷一带，便想乘胜追击，于是亲率汉军前去围剿。可没想到的是，汉军在顺利抵达平城（今大同）抢占白登山后，却发现他们已经被冒顿单于的40万精兵团团围住了！刘邦本想紧急撤退，奈何后路已被冒顿单于封死了，如此一来，就连援军也无法到达。匈奴其实是想把汉军一网打尽，刘邦站在白登山的山头远眺，发现四周黑压压的都是匈奴的精兵，不由得皱起了眉头。

当时正值隆冬，大雪纷飞，寒气袭人。一直在中原地带作战的汉军根本适应不了这种天气，个个冻得手脚发僵。没过几天，汉军的粮草也所剩无几了。内外交困之下，汉军的处境变得岌岌可危。

眼看汉军被围困已经七日有余，刘邦急得愁眉不展。这时，一直跟随在刘邦身边的陈平声称自己想出了一条妙计。刘邦听罢，赶紧让他细细道来。陈平缓缓地说："臣听闻冒顿单于与自己的阏氏情意甚笃，冒顿单于平日非常宠爱她。此次南下，冒顿单于还将她带在身边，两人几乎形影不离。我们或许可以从她入手，找到解困之法……"

听了陈平的话，刘邦连连点头，他随即决定实施这个重要的计划。第二天，陈平趁雾气正浓之时，派遣一位使者拿着大量的金银珠宝悄悄去拜见匈奴阏氏。这位阏氏听说有汉朝使者求见，便将仆人们统统支开，赶忙召见了使者。使者向阏氏恭敬地呈上金银珠宝和一卷画，说道："这些珠宝都是我朝皇帝赠予你的，还请阏氏笑纳。至于这幅图，烦劳阏氏转交给单于。"阏氏看着这么多的金银珠宝，爱不释手。当她打开那幅画，看到画上的绝世美人时，脸色不由得一沉，问道："这是何人？将这画交给单于，你们是何用意？"

使者毕恭毕敬地回答说："现在两军交战，我汉朝军队被单于困在了白登山上。我朝皇帝有意与你们握手言和，特地派我来送你金银珠宝，是希望你在冒顿单于那里美言几句。我朝皇帝担心冒顿单于觉得我们诚意不够，所以想要将画中的这位绝世美人献给他。只是这人目前不在军中，我只好先带着画像来了。"

阏氏听罢，很是不悦："美人就不用了！你还是将画带回去吧。"使者露出一丝不易察觉的微笑，接着解释说："我朝皇帝知道，这样做可能会让阏氏失去单于的宠爱，可如今情势危急，这也是无奈之举。倘若阏氏有法能解决我军之困，那么我们愿意再多送些珠宝给你，那时绝不会向单于提起美人之事。"阏氏思索片刻，答应了使者的要求，然后就让使者带着美人图回去了。

使者走后，阏氏心想：绝不能让那位美人出现，威胁自己的地位！于是，她来到冒顿单于议事的大账，对冒顿单于说："我听说，汉军的几十万援军用不了两天就能抵达这里。"冒顿单于一惊："真的么？"阏氏点点头，继续讲道："其实，我觉得不应该对汉军赶尽杀绝。你想想，且不说将汉军打败没有那么容易，即使汉军败了，我们占领了汉朝的土地，也会因水土不服而不能长时间待在这里。等汉军的援军一到，他们势必会以命相搏，那时我们就会变成刀俎上的鱼肉，再想回匈奴过以前快乐的日子就难了！还请单于三思。"

单于想了想问："那依你之见，我们该怎么办呢？"阏氏转了转眼睛，回答说："虽然我们已经围困了汉军七天，可是他们却没有一点儿慌乱的迹象，看来是有神明在暗中帮助他们。我们应该顺应神明之意，放他们一条生路。不然，神明会怪罪我们的！说不定会有灾祸降临到我们头上！"

冒顿单于虽然心有不甘，可不想让阏氏不高兴。第二天，他就下令撤回了白登山的兵力。就这样，刘邦和汉军侥幸逃过一劫。

▲ 陈平

陈平是西汉阳武（今河南原阳）人，是西汉的开国功臣之一。楚汉相争时，陈平屡献奇计，帮助刘邦战胜项羽。汉文帝时，陈平被封为右丞相。

陆贾说服南越

秦二世时期，南海郡尉任嚣病重，他在弥留之际把本是中原人的龙川县令赵佗请来，要他代理南海郡的事务，并告诉赵佗可自立为王。秦朝灭亡之时，蛰伏多年的赵佗立即向桂林、象郡等地发兵，在此基础之上，建立了南越。

刘邦在汉朝建立之初，就想收回南越的控制权。可当时天下初定，国力财力都很薄弱，刘邦思来想去觉得"招降"的方法最为稳妥，但不知道派谁去好。

丞相陈平知道后说："陛下，陆贾跟随陛下多年，口才了得，才思敏捷，派他去最合适不过了！"刘邦听罢连连点头。很快，刘邦就召见陆贾，将招降南越的任务交给了他。随后，陆贾带着刘邦的文书千里跋涉来到了南越。

赵佗在大殿中接见了陆贾。陆贾看到赵佗穿着越人的衣服，挽着当地人样式的发髻，姿势随便地坐在殿中，十分傲慢。他语重心长地说："您原本是中原人，可如今却彻底忘掉中原礼俗，完全一副越人模样！倘若您想靠区区南越之地与汉朝相抗衡，恐怕最终会大祸临头的！"

赵佗轻蔑一笑："我就不信汉朝会把我怎么样！"

陆贾闻言，劝道："秦朝统治者昏庸无道，所

> **知识链接**
>
> 《新语》
>
> 《新语》是西汉陆贾的著名散文集，共十二章。
>
> 在《新语》中，"行仁义，法先圣"是其核心，全书逻辑严密，结构严谨，奠定了西汉前期的统治思想。

▼ 赵佗

以天下英雄豪杰纷纷揭竿而起,可是汉王却一马当先,占据咸阳。虽然西楚霸王实力很强,又有不少人支持他,但结果又怎样呢?最后还不是败给了汉王?这说明连神明都愿意帮助他。"

此时,陆贾见赵佗表情变了,继续说道:"陛下本来可以发兵讨伐于你,可是他却不愿意这样做!他不想可怜的百姓们再受战火之苦,所以才派我带着金印

来这里，想要封你为'南越王'。对此，您本应该出门远迎，可是现在却摆出一副傲慢的样子，怠慢于我。要是让朝廷知道此事，恐怕您在中原的族人都会受到牵连，您祖先的坟茔恐怕也会被掘！朝廷不会善罢甘休，一定会命人率领大批兵马前来，到那时，越人得知大祸临头，为了自保求降，说不定会倒戈杀掉你！"

听到这儿，赵佗赶紧站起来向陆贾赔罪："我在这蛮荒之地待久了，刚才失礼多有得罪，还请您不要计较。"接着，赵佗转而问道，"您觉得，我和萧何、韩信相比，谁更有才能？"陆贾夸赞道："自然是您更胜一筹。"

赵佗又问："那么我和汉朝皇帝比呢？"陆贾不紧不慢地回答："我朝皇帝从丰沛起兵，他讨伐暴秦，灭掉强楚，可以说为天下'兴利避害'立下了汗马功劳。这样的丰功伟绩堪比三皇五帝！中原人口众多，物资富饶，如今实现了大一统，是前所未有的盛况。南越不过是弹丸之地，而且这儿的人口也就几十万，还都是些蛮夷之人。您怎么能跟我朝皇帝相提并论呢？"赵佗被说得心悦诚服。

陆贾在南越期间，向赵佗讲了很多有意思的见闻。赵佗十分欣赏陆贾，最终接受了陆贾"向汉称臣"的要求，决定服从汉朝管制。在圆满完成任务后，陆贾踏上了归程。后来，刘邦为了嘉奖陆贾，特地封陆贾为太中大夫。

陆贾饱读诗书，很有学问，所以经常给刘邦提意见。有一次，陆贾谈起了《诗经》《尚书》等儒家经典，高祖听了骂道："这天下是老子骑在马上打出来的，哪里需要什么《诗经》《尚书》！"

陆贾听了面不改色地回答说："马背上可以得天下，但能治天下吗？商汤和周武王都以武力征服天下，然后顺应形势以文治守成；而秦朝则一味使用严酷刑法，最终自取灭亡。要是秦朝实行仁政，可能您还不一定能取得了这天下呢！只有文治武功并用，国家才能长治久安啊！"

高帝听罢，面露愧色说："你说得有道理，那你论述一下秦朝灭亡的原因以及各朝兴旺的规律所在吧！"

于是，陆贾奉旨编写了一部《新语》，里面有十二篇文章，讲述了一些国家兴衰存亡的事情。刘邦看过后连连称赞，大臣们都很佩服陆贾的才能。

▲ 萧何

萧何早年任秦沛县县吏，秦末辅佐刘邦起义，史称"萧相国"。

刘邦取得天下后对有功之臣进行封赏，萧何被刘邦认为是开国首功，因此被刘邦封为酂侯。

刘邦死后，他辅佐汉惠帝，后于惠帝二年（前193年）去世，谥号"文终侯"。

 # 张良功成身退

萧何、张良、韩信三人号称"汉初三杰"，在西汉建立的过程中立下了汗马功劳。张良是韩国人，他家世显赫，祖父和父亲都当过相国。公元前230年，秦国出兵灭掉韩国，年轻气盛的张良决定为韩国报仇。有一次，秦始皇到东方巡视抵达阳武。张良趁机与人策划谋杀秦始皇，结果因为弄不清秦始皇到底坐哪一辆车而失败。好在巡游时的士兵反应不及时，张良得以成功逃脱。秦始皇得知后下令在全国大举搜捕，到处设关卡盘查。张良只好改名换姓，逃到下邳躲了起来。

一天，张良闲来无事，闲逛到下邳的一座桥上。在这里，他碰上一个身着短袍的老头，看上去十分寒酸。他走过去对张良说："孩子，我鞋掉下去了，你能帮我捡上来吗？"

张良虽然觉得他傲慢无礼，但念在他年纪大了，也没多计较，就去帮他把鞋子捡了上来。那老头又让张良把鞋给他穿上，张良也照做了。穿好后那老头笑着离去，连句谢谢都没讲，留张良一个人在原地发愣。

谁知过了一会，那老头又折回来了。他对张良说："你是个可造之才，五天后的天亮时分，你来这里与我会面。"张良隐隐觉得他不简单，于是跪在地

西汉初期 | 张良功成身退

上恭敬地答应了他!

五天后，天刚亮，张良如约前往，但那老头已经到了。他生气地说:"和长辈相约，你怎么能后到?五日后再来吧，早一些!"说完便气冲冲地扬长而去。

又五天后，鸡刚一叫张良就去了，但那老头又先到了。和上次一样，他又让张良五天后再早一点来。

再五天过去了，张良半夜就去等着了。过了不久，那老头来了，看见张良已经到了，十分高兴，他拿出一册书对张良说:"今后十年，时局将大变。你好好读这本书，学好后可辅佐别人完成帝王大业。十三年后你到济水以北见我，谷城山下的那颗黄石就是我。"

说完他便飘然而去，再没有出现过。

等到天亮后，张良赶紧看了那册书，原来是《太公兵法》。他开始细细研究这本书，经常阅读温习，一直读到滚瓜烂熟。对于每一句话的含义他都仔细辨析，直到把整本书全部读通为止。

张良学得满腹才华之后投奔了刘邦，得到刘邦的重用。张良一副文弱书生的模样，也从没有真正上过战场，但却善于谋略，能运筹于帷帐之中，决胜千里之外。

汉朝建立后，刘邦要张良自己选择齐地一块有三万户的地方为封邑，张良连连推让说:"当初我在下邳起兵，后来在留县（今江苏沛县东南）有幸遇到陛下，这都是上天的安排。陛下英明，采用了我的一些建议，侥幸没有出什么差错。如今我能封在留县已经非常知足了，万万不敢接受三万户这么大的地方。"于是，汉高祖便封他为留侯。

张良为人恬淡，不计较功名利禄，在辅佐刘邦定夺天下之后便有了隐退之意。后来他目睹刘邦大肆杀戮功臣，十分心寒。加上官场上那些功臣与贵戚争权夺利，丑态百出，张良更加无意政治了。

汉高祖死后，张良被迫帮吕后协助太子刘盈即位，大权被吕后掌握，政治更加黑暗，此后他几乎不再过问朝堂之事，全然隐退了。他在自己的封地开辟了一小片田地，学习耕种，体验田园生活，最终得以善终。

西汉初期 | 吕后临朝称制

吕后临朝称制

楚汉相争时，刘邦为了拉拢部下，先后分封了七个异姓王。等到汉朝建立后，这些异姓王握有重兵，领土广阔，渐渐成为刘邦的心腹之患。为了维护汉朝的统治，刘邦和吕后设计将这些异姓王相继剪除，消灭了割据势力。然后他又分封一批刘姓子弟为王，并带着文武百官在太庙杀白马起誓："非刘氏而王，天下共击之！"刘邦希望用这种方式确保刘氏江山稳固，防止外姓夺权。

刘邦生前十分宠爱戚夫人，对吕后十分冷漠。而戚夫人的儿子刘如意性格作风与刘邦十分相似，深得他的喜爱。刘邦曾多次想废掉优柔寡断的太子刘盈，立刘如意为太子。但由于大臣们的坚决反对，才没有办成。公元前195年，刘邦因病去世，十几岁的太子刘盈即位，他就是汉惠帝。惠帝性格优柔寡断，没有什么主见，加上身体也不好，朝政大权全掌握在他的母亲吕后手中。吕后此人心狠手辣，自私阴毒，睚眦必报，她掌握政权后便开始铲除异己。

吕后先是把戚夫人打入冷宫，让她穿着囚衣整天舂米。然后把赵隐王如意从封地上召到京城里来，用毒酒杀害了他。

等刘如意死后，吕后便叫人砍断戚夫人的手脚，挖掉她的眼珠，熏聋她的耳朵，毒哑她的嗓子，然

> **知识链接**
>
> **临朝称制**
>
> 　　临朝称制主要指古代封建王朝由后宫的皇后或者是皇太后等女性掌权者代理皇帝执掌国政的状况。
> 　　历史上著名的临朝称制的女性包括吕后、武则天、慈禧太后等。

▲ 未央宫

未央宫是西汉宫殿建筑群，由丞相萧何主持修建。

后关进厕所，称其为"人彘（zhì）"。几天后，吕后把汉惠帝叫来观看她的"战利品"。

汉惠帝盯着看了半天，才认出这个还在动的"人彘"竟然是父亲生前的宠妃戚夫人。他被吓得满身大汗，瘫倒在地上号啕大哭起来，

西汉初期 | 吕后临朝称制

回去后竟然病了一年多。

他派人送信给吕后说："您以如此残忍的手段对待戚夫人，实在不是人能做出来的事情。我作为您的儿子，不配治理天下！"从此，他就只顾饮酒作乐，不再理会国家大事，没过几年在抑郁中去世了。

汉惠帝死后，吕后假惺惺地哭了一场。因为惠帝生前没有儿子，吕后便抱来一个婴儿说成是汉惠帝的儿子，扶持他登上了皇位，历史上称少帝。为了保密，吕后派人杀死了少帝的母亲。到这时，朝政完全掌握在吕后手中。

她大肆加害刘姓子弟，并且不顾朝臣的反对分封吕氏为王侯，她的侄子吕台被封为吕王，吕产被封为梁王，吕禄被封为赵王，吕台的儿子吕通被封为燕王，还有六个吕家人被封为列侯。大臣们害怕丢脑袋，全都敢怒不敢言。

傀儡少帝日渐长大，吕后怕他不好控制，日后会威胁到自己，于是将他杀死，另立一个叫做刘弘的小孩子来做皇帝，大权仍然由她执掌。这时候，吕后和她的子侄已经篡夺刘姓的天下，朝政黑暗，人人自危。

公元前180年，年迈的吕后总算是死了。陈平、周勃等前朝老臣又协助刘氏子弟消除了吕氏势力，夺回了朝政大权。

虽然刘氏江山被夺回来了，但他们也面临着一个难题，因为当时刘邦的儿子死的死，病的病，没有什么合适的人选来继承皇位。这时，他们想起了

> **知识链接**
>
> **戚夫人的诗歌**
>
> 　　刘邦死后，刘盈即位，吕后当上了太后。她大权在握后，立刻逼戚夫人身穿囚衣，头戴铁枷，关在永巷里舂米。戚夫人十分悲痛，便作歌唱道：
>
> 子为王，
> 母为虏，
> 终日舂薄暮，
> 常与死为伍！
> 相去三千里，
> 当谁使告汝？
>
> 　　这首歌被吕雉听到后，便罗织罪名，把戚夫人的儿子刘如意毒死了。

远在代国的刘恒。

　　刘恒是刘邦的第四子，被封为代王。他为人宽容平和，做事低调，又有政治才能，母亲薄姬也非常谦逊，让他来继承皇位再合适不过了。于是，几位大臣派人把刘恒从代国请到长安来，然后迎立刘恒即位，他就是历史上的汉文帝。

文景之治

秦朝的暴政被推翻，楚汉之争也尘埃落定，汉朝建立，社会终于稳定下来。但是，多年的战乱导致社会经济萧条，民生艰苦。在汉高祖刘邦死后，国家又经历了一番动荡，百姓的生活更加艰难。幸运的是，西汉迎来了一位仁义的皇帝，也就是汉文帝刘恒，他一共在位二十余年。在这二十余年里，汉文帝励精图治，开创了一番盛世景象。

汉文帝秉持着"休养生息、无为而治"的政策，"无为"并不是不作为，而是避免苛政扰民，稳定社会秩序。农业为百姓生存之本，汉文帝十分清楚这一点，他非常重视农业生产，多次下诏劝课农桑，甚至在每年的春耕时节，还会亲自带着大臣们下地耕种。皇后也一样，带着宫女采桑、养蚕。两人为天下做出了表率。为了减轻百姓的负担，文帝还多次减免田租，降低徭赋，使得农业生产迅速恢复发展。另外，文帝还下诏，原本归国家所有的山林川泽也对百姓开放，允许人们渔猎采樵，大大促进了农副业的发展。

政治上，汉文帝知人善任，虚心纳谏，提拔重用那些有真才实学的人。对于秦代以来严酷的刑罚，汉文帝也进行了重大改革。他下令废除了连坐法；黥、劓、刖等严酷的肉刑也用鞭笞的刑罚代替；另外，根据犯罪情节轻重规定服刑期限，罪人服刑期满，可以免为庶人。这些规定看似理所当然，但在秦朝时期，只要犯过罪就要终身服劳役的。

解决了内忧，还需要面对外患。汉文帝时期，周围的少数民族并不安稳，但汉文帝却不轻易动兵，尽量维持相对安稳的关系。面对南越，汉文帝格外安抚优待，他派遣使者到南越，一番软硬兼施，让南越王赵佗俯首称臣。面对匈奴三番两次侵犯边境的行径，汉文帝也基本以防守为主，避免大动干戈。这些政策看似有些软弱，但其实是文帝担心战乱会烦扰百姓，让刚刚恢复的经济生活再次遭到破坏。

不过，这并不意味着文帝一味忍让，他目光长远，一直积极地充实边防。文帝采取晁错的建议，让一些奴隶、犯人和平民迁徙到边塞，按什伍编制组织起来，闲时进行训练，亦民亦兵，在巩固边防的同时，也开发了边境。不止如此，为了对抗匈奴的骑兵，文帝还颁布了"复马令"，鼓励养马，禁止盗马杀马，在边境还设立了国家的牧马场，大大满足了边防对马匹的需求，为后来汉武帝大规模反击匈奴做了充分的准备。

汉文帝不仅在政治上励精图治，他对自身的要求也十分严格。文帝提倡节俭，并亲身做了示范。曾记载，汉文帝"履不藉以视朝"，也就是说他上殿处理政务时竟穿着草鞋，节俭程度可见一斑。不只是草鞋，文帝还很少置办新衣服，就连龙袍也是一种色彩暗淡的丝绸，十分粗糙。在他的带动下，后宫的嫔妃们衣着也十分朴素，宫里的帐幕、帷子也都简单素雅，出行车马一概不装饰华美的物品。在汉文帝在位的这些年里，没有盖宫殿，没有修建园林，就连车辆、仪仗都没有增加。在他去世之前，还特地下达遗诏，痛斥厚葬的陋俗，要求自己的丧事要一切从简，坚决不能大兴土木、烦扰百姓。

汉文帝去世后，他的儿子刘启继位，称汉景帝。汉景帝延续了文帝"休养生息、轻徭薄赋"的政策，并且还进行了一定程度的发展。景帝将"三十税一"确定为汉代的固定政策，这是中国古代田税很低的时代了。不止如此，景帝还同意落后贫瘠地区的百姓迁到水土丰茂的地方，开垦农田，植树养蚕。没

▼ 西汉豹钮矛

有田地或田地很少的百姓，还可以向国家租借土地。在律法方面，景帝要求减轻刑罚，谨慎执法，对有特殊情况的罪犯，还可以适当放松刑罚。当然，景帝也有铁血手段，他打击豪强，镇压贵族和恶势力，任命了一些酷吏，专门对罪大恶极和执迷不悟的罪犯施以重刑，来警示他人。

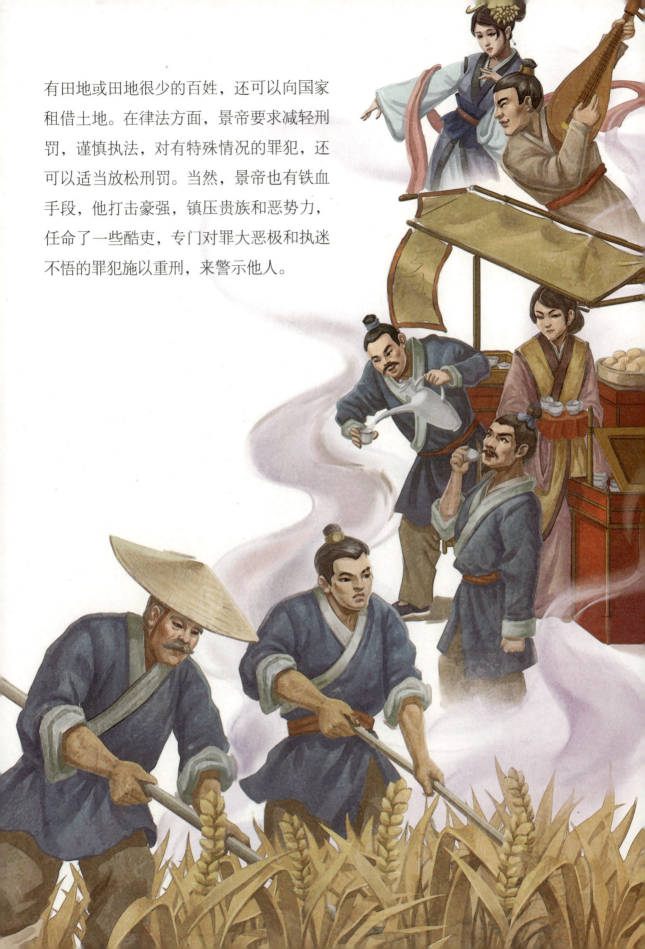

> **知识链接**
>
> **汉景帝**
>
> 汉景帝勤政爱民，励精图治，将其父亲汉文帝的事业发扬光大，和父亲一起开创了"文景之治"，为其子汉武帝刘彻的"汉武盛世"打好了基础，实现了从文帝到武帝的过渡。

除此之外，景帝还十分重视发展教育，比较著名的是文翁办学。文翁是景帝时期的庐江舒县人，他少年好学，才能不凡，在担任郡县的小官吏时，郡守发现了他的才能，就向朝廷举荐了他。经过考核后，景帝任命他为蜀郡太守。文翁上任之后，创办了郡国官学，还修建了学宫，也就是公立学校。如此一来，蜀地的民风得到了极大的教化，一时间全国多地纷纷效仿。

在汉文帝和汉景帝两代帝王的统治下，汉朝从国家初定逐步走向繁荣昌盛，国家制度走向完善，经济迅速发展，国力与日俱增，百姓的生活越来越好。据史书记载，文景时期，国库里的钱多得数不清，穿钱的绳子都腐烂了；粮仓长年累月堆积的粮食，都冒到粮仓外面来了。这就是中国古代历史上的一个盛世——文景之治。

晁错削藩

汉高祖刘邦为了巩固刘姓江山，在全国推行郡县制的基础上又分封了一些刘氏子弟去做诸侯王，实行郡国并行制。到了文帝时期，各诸侯国势力有所膨胀，有人提出削藩的想法。景帝即位后，诸侯国的势力越来越大，地域广阔，齐国有七十多座城，吴国有五十多座城，楚国也有四十多座城。吴王刘濞（bì）的封国靠海，还有铜矿，能够自行煮盐采铜，十分富有。他仗着自己的权势不受朝廷管束，骄横跋扈，不把皇帝放在眼里，从来不去朝见皇帝。

当时的御史大夫晁错意识到这个问题，担心这些诸侯国迟早会威胁到中央政权，于是对汉景帝说："吴王一直不来朝见，按理应当治罪。先帝为人宽厚仁慈，没有处罚他，他反倒越来越狂妄自大，私自开铜山铸钱，煮海水产盐，招兵买马，已有叛乱之征兆。陛下还是趁早削减他们的封地为好。"

汉景帝有点犹豫，说："你说的有道理，可是我担心现在削藩会激起他们的反抗啊，万一他们起兵造反了怎么办？"

晁错说："诸侯若是存心造反，不管我们削不削藩，他们都会造反。现在造反，祸患还小；将来他们翅膀硬了再来造反，祸患可就大了。"

汉景帝觉得晁错的话很有道理，于是找了些借口削减诸侯的封地。晁错的父亲听到这个消息，从家乡颍川特地赶了过来。他语重心长地说："你已经官至御史大夫了，怎么还不满足？你明明知道，诸侯王都是皇帝至亲，这算是皇帝的家事，哪里用你多管闲事？如若削藩，你就会变成诸侯王们的眼中钉！真不知你怎么想的！"

晁错回答："不削藩，皇上根本无法顺利施政，整个国家势必会大乱！"

父亲听罢，长叹一声说："你可知这样做，整个晁家都会被你连累的！我年事

▼ 轻骑兵

轻骑兵的腰部以上都受到有效的装甲保护，因为其机动性强、作战灵活，因此具有良好的战斗技能，可以独立作战，亦可与其他兵种配合。

▲ "真将军"周亚夫

已高，不愿看到晁家大祸临头！"晁错虽然多次劝说，可是父亲还是不理解他的做法。更没想到的是，父亲回老家后就自杀了。

等削减封地到吴王刘濞头上的时候，他不乐意了，于是打着"诛晁错，清君侧"的幌子，煽动别的诸侯一同起兵叛乱。公元前154年，吴、楚、赵等七个诸侯王发动叛乱，一时间来势汹汹。汉景帝心里开始害怕了，于是他拜周亚夫为太尉，让他统兵并去讨伐叛军。

那时，朝廷上有个人妒忌晁错的才能，于是乘机落井下石，劝汉景帝说："陛下，七国发兵完全是晁错非要削藩才引起的。我们只要答应七国的要求，杀了晁错，他们就没有了起兵造反的借口。到那时再下令恢复其原来的封地，那他们自然就会撤兵了。"

接着，又有一批大臣弹劾晁错，说他大逆不道，置汉朝于危险的境地，应该腰斩。汉景帝病急乱投医，为了保住自己的皇位，他竟然听信了这番话，说："要是他们真能撤兵，舍弃晁错一个人又算什么。"于是下令将晁错诛杀。可怜晁错一心维护汉家天下，竟这样被莫名其妙地杀害了。

汉景帝杀了晁错后，派人去给七国下诏书，要他们退兵。这时吴王刘濞已经连打了几个胜仗，夺了不少地盘，他怎么可能乖乖退兵呢？他见到诏书连拜都不拜，使者回去向汉景帝报告情况，有人对景帝说："吴王为了造反已经准备了几十年，这次不过是抓住削藩的借口起兵罢了，哪里是为了什么晁错呢？陛下杀了晁错，恐怕以后再也没人敢替朝廷出谋划策了。"

汉景帝这才知道自己错杀了晁错，悔得眼泪都掉下来了，但为时已晚。

周亚夫平定七国之乱

晁错被杀后，七个诸侯国并没有停止叛乱的意思，幸亏周亚夫能征善战，用兵出神入化，才将七国之乱镇压。

周亚夫出兵以后，先来到了灞上，准备取道崤山、渑池，前往洛阳的前线，但是这时他的谋士赵涉提醒他，造反七国的首领吴王一定已经猜到了他的路线，一定会在半路上设下埋伏，所以不如放弃这个路线，而是取道蓝田、武关前往洛阳，这样虽然比原来的路线会多花几天时间，却可以做到神不知鬼不觉。周亚夫觉得他说的有道理，就接受了这个建议，走了另一条道赶到了洛阳，并控制了战略要地。

这时汉景帝的弟弟、梁王刘武正在被吴国猛攻，听说周亚夫率军出征之后，立刻多次给他写信，让他前来援助梁国。但是有自己的作战计划的周亚夫始终按兵不动。急得团团转的梁王写信求助景帝，景帝吩咐周亚夫去进攻吴军、楚军，但是周亚夫依然坚守营垒，不让军队出战，只是派出一支轻装骑兵，

> **知识链接**
>
> **七国之乱的影响**
>
> 七国之乱反映了中国古代封建社会中央与地方诸侯国之间的矛盾，七国之乱的平定沉重地打击了诸侯王的权力，大大加强了汉朝中央集权的制度，为汉武帝以"推恩令"进一步解决诸侯王问题创造了必要的条件。

▼ 西汉文帝行玺金印

从淮泗口穿出,断绝了吴、楚军队的后路,堵塞吴、楚军队的运粮通道,还抢到了不少粮草。周亚夫手下的士兵看到周亚夫迟迟不发兵打仗,也有些摸不到头脑,还以为周亚夫是在给造反的诸侯帮忙,军心难免出现了一些动摇。周亚夫知道以后也不解释,任凭士兵们胡乱猜测,并任命梁国的中大夫韩安国及楚国的张羽为将军,张羽作战勇猛,韩安国老成持重,这才得以稍稍挫败吴军,让局势稳定了一些。

造反的诸侯那边,吴王刘濞看到自己这方的粮草被周亚夫截了以后,心里也有些慌神,士兵们没有粮食,哪来的力气打仗呢?吴军想向西挺进,但是因为顽强的梁国始终坚守着城池,这条路走不通,于是刘濞咬咬牙,掉过头来向周亚夫发起进攻。

两军在下邑相遇,吴军求战,但是周亚夫还是老对策,坚守营垒,就是不肯出战。粮道断绝的吴军从上到下都很饥饿,屡次挑战,但是周亚夫就是不肯应战。一天深夜,刘濞命几个士兵偷偷潜入了周亚夫的军营,伺机制造混乱。周亚夫原本正在休息,听到账外突然出现的喊叫声,顿时意识到这是敌军为刺探军情使出的把戏。于是,他依旧泰然自若地休息,故意没有出营"主持大局"。刘濞派去的人看到士兵们大呼小叫,东奔西跑,慌乱不已,还以为周亚夫的军队纪律涣散,不堪一击,于是匆匆离去。汉朝士兵见外面没了动静,也回去休息了。刺探情报的人回去之后,将他们在周亚夫军中所见到的情况统统汇报给了刘濞。刘濞听罢,忍不住大笑:"我还以为周亚夫的军队有多强,现在看来也不过如此!"就这样,刘濞以为自己胜券在握,肯定会轻而易举地战胜汉军,于是盲目地宣布第二天就发动进攻。

第二天,造反的诸侯军队从东边进攻周亚夫的军营,周亚夫仔细地盘算了一会儿,认定这是刘濞的诡计,这么做是想将自己的注意力全部引到东边,西边才

是他们真正的进攻方向,于是,周亚夫命令一小部分士兵在东边假装奋力抵抗,自己则率领大部分士兵在西边做好了埋伏。过了一会儿,周亚夫果然看到西边又来了大队人马,领头的正是吴王刘濞和楚王刘戊。等他们走近后,周亚夫一声令下,伏兵四起,措手不及的诸侯军匆忙迎战。因为粮道被周亚夫截住了,诸侯军的士兵已经好几天没有吃上一顿饱饭,现在又处在惊慌失措当中,根本没有打仗的勇气和力气,一个个全都丢下兵器,四散逃窜。吴王一见这个情景,知道自己这回肯定是要打败仗了,干脆不管楚王和其他士兵的安危,带着几个亲信,先一溜烟地逃跑了。

楚王刘戊这才知道刘濞原来是个贪生怕死的胆小鬼，他恨自己轻信了吴王的话，也觉得无颜向景帝认罪，只好拔剑自杀了。

吴王刘濞带着随从渡过淮河，一直逃到了丹徒，这里是东越，这时刘濞还剩下一万多残兵败将，他还想借助东越的力量东山再起，但是朝廷派出使者，用大笔黄金收买了东越首领，东越首领于是骗刘濞出来慰劳军队，趁机杀死了他，又将他的首级送到了汉朝。

吴王和楚王一死，其他造反诸侯王一看大势已去，要么自杀，要么投降，要么战死。就这样，周亚夫只用了三个月左右的时间，就平定了这场七国之乱，保住了汉朝的江山。

闯关小测试

1. 下列不属于汉初三杰的是（　　）
   A. 萧何　　B. 张良　　C. 陈平

2. 废除肉刑的汉朝皇帝是（　　）
   A. 汉高祖　　B. 汉文帝　　C. 汉景帝

3. 因提议削藩被冤杀的汉朝大臣是（　　）
   A. 贾谊　　B. 晁错　　C. 陆贾

参考答案：1. C　2. B　3. B

汉武帝时代

汉武帝是汉朝十分有作为的君主，他把儒家思想确立为官学，这一传统被后代的王朝继承下来。

他发展生产，富国强兵，使汉朝空前强大起来。

他开疆拓土，抗击匈奴，极大地扩展了汉帝国的版图。

他向商人和富户征收重税，强行取富于民，以保证国家的庞大开支。

他重用酷吏，加强皇权统治。但酷吏是把双刃剑，最终引来巫蛊之祸，让他痛失太子。

武帝时代，涌现了一大批杰出的诗人、将帅、学者、乐师……

刘彻登基

公元前141年，汉景帝病逝，他的儿子，也就是只有16岁的皇太子刘彻继承了皇帝位，他就是我国历史上的一代明君——汉武帝。

汉武帝刘彻在位一共54年，他统治的这几十年，是汉朝最繁荣、最昌盛的时代。而在当上皇帝之初，刘彻并没有马上享受到皇帝的一言九鼎之权。这和他的出身有一定的关系，他即位的过程比较复杂，他既不是嫡长子，也不是皇后所生，他能当上皇帝，靠一定的运气。在他即位后，还面临着两股势力的打压，即他的祖母窦太皇太后和母亲王太后。

刚即位的刘彻年纪虽小，却非常有抱负，他一心想要治理好天下，但是苦于没有人来辅佐他。于是他下诏各个郡县，征求"贤良方正"和"直言进谏"的人才，并亲自主持考试，选拔人才。在这些被选拔的人才中，有一个人在后世十分著名，他就是深得武帝赏识的董仲舒。汉朝建立之初就一直推崇道家"无为而治"的思想，提倡统治者少有作为，借以治理好国家，从而恢复生产，稳定社会。而经历了文景之治之后，到了汉武帝这时候，这一套思想已经不太适合社会的情况了，无论是朝廷内部上下积累的矛盾，还是边境上蠢蠢欲动的匈奴，都要求朝廷加强中央集权，而这个集权，应该首先从思想上做起。

所以董仲舒就提出要"罢黜百家，独尊儒术"，汉武帝采纳了他的建议，不但在礼制方面进行了改革，而且还重用了崇尚儒学的赵绾和王臧两位官员。当时的太皇太后——窦太后一直推行传统的黄老"无为"思想，她听闻汉武帝刘彻居然"逆道而行"推崇起儒家思想来，不由得勃然大怒，痛骂道："臭小子，翅膀硬了！刚登基就想忤逆我？没门儿！"于是，窦太后开始大肆扰乱朝纲，不但中断改革，还将赵绾、王臧罢免了。

汉武帝时代 | 刘彻登基

　　这对刘彻来说，无疑是被当头泼了一盆凉水。刘彻也特别生气，敢怒而不敢言，他很清醒，自己根本没有和祖母进行较量的实力。但是他没有绝望，因为还有一个事实，那就是他的祖母年事已高，活不了几年了；而自己还不到20岁，没有必要现在和她争个鱼死网破。

▲ 关内侯印

于是，刘彻对祖母毕恭毕敬的，承认自己犯了错误，年少无知，以后什么事都听祖母的。以后果真有什么大事，他都向窦太皇太后禀告，他这位权力欲望极强的祖母才对这个孙子越来越满意。

这样的相处方式一直持续到窦太皇太后去世，刘彻迎来了他的机会，他先是当众宣布："窦太后之死，是国之不幸，一定要厚葬，举行隆重的葬礼。"接下来，刘彻特地命令窦太后身边的两位重臣操持她的葬礼，并说："将此事交予你们再好不过了！"这两人也的确尽心尽力，将葬礼安排得井井有条，朝野上下都很满意。

但是这时刘彻却突然翻脸，在鸡蛋里挑骨头，以葬礼办失败了为名，将这两个重臣都给革职了，紧接着，他将祖母之前任命的丞相、御史大夫等重要官员一一免职，换成了自己的人。就这样，窦太后所属的外戚势力彻底被瓦解，汉武帝母亲王太后的外戚势力也被震慑住了。自此，汉武帝开始将权力牢牢掌握在自己手中。

汉武帝首先重拾之前被祖母打断的改革，他下令在政府设置专门传授儒家学说的五经博士，罢免了官府里所有不认同儒学五经的太常博士，黄老等诸子百家之言都被清除了官学的范围。而那些学儒学的弟子，每年进行一次考试，考试的内容就是五经，每次考试中，通过一经的人就能做官，成绩优良的人还能当大官。渐渐地，官吏就主要从儒生中产生了，

知识链接

金屋藏娇

刘彻四岁左右时，他的大姑妈刘嫖把他抱在腿上，逗他说："告诉姑姑，你想娶媳妇吗？"刘彻说："想。"刘嫖指了指身边的宫女，问他喜欢谁，刘彻连连摇头。

此时刘嫖指向自己的女儿阿娇，问："把阿娇许配给你好不好？"刘彻拍手叫道："好啊，如果能娶表姐，我非要造个金屋子让她住。"

后来，刘嫖帮助刘彻当上了皇帝，阿娇便做了皇后。

其他诸子百家的学说逐渐被排斥了，儒家却获得了大大的发展，这就是后世所说的"罢黜百家，独尊儒术"。

此外，汉武帝还采取了一系列强化中央集权的措施。政治上，他颁布了著名的"推恩令"，即诸侯王可以根据具体情况，将自己的子弟们封为"侯"，并把手中的封地分给他们。这样，诸侯王的势力就被极大地削弱了。另一方面，汉武帝为了巩固皇权，还建立了中朝机构。此外，他还专门设立十三州部刺史、司隶校尉监察等官职，以削弱地方势力，加强中央对地方的控制。要知道，这些政治制度在此后的两千年间，一直是许多朝代建国立制的重要范本。

以上这些都可以说是汉武帝的"文治"，他在"武功"方面更是取得了卓越的成就，这个成就，主要是在北方那个曾让汉朝十分头疼的邻居——匈奴身上取得的。

▲ 卫青

卫青是西汉时期著名将领，他姐姐是汉武帝的第二任皇后卫子夫，卫青官至大司马大将军。

卫青与霍去病抗击匈奴

很长一段时间里，雄踞北方的匈奴都是汉朝的心腹大患。汉武帝刘彻登基后，一直想发兵攻打匈奴，让他们不敢再轻易冒犯中原疆土，可因为时机不成熟，只能将这个计划暂时搁置。公元前139

年，汉武帝实在不堪忍受匈奴多次进犯中原，便派张骞出使西域，希望联合月氏国共同攻打匈奴。可惜，这个计划并没有成功。公元前133年，汉武帝在诈降匈奴等计划均宣告失败后，汉军与匈奴之间爆发了数次大战。在这些战争中，以卫青、霍去病的功劳最大。他们的大名可以说无人不知，无人不晓，足以令匈奴人闻风丧胆。

卫青还和刘彻有亲戚关系，他有一个姐姐名叫卫子夫，被汉武帝刘彻所宠幸，后来还当上了皇后，成了皇帝小舅子的卫青也因此进入朝廷当了官。

公元前129年，匈奴兴兵南下入侵上谷，汉武帝分派四路大军率骑兵进行还击，分别是卫青出上谷，公孙敖出代郡（今山西大同、河北蔚县一带），公孙贺出云中（今内蒙古托克托东北），李广从雁门出兵。最终这四路大军有两路失败，一路无功而返，只有卫青这一路打了胜仗，俘虏敌兵，这是青年将领卫青的崭露头角之战，也是自汉初以来对战匈奴的首次胜利，为以后汉朝的进一步反击打下了良好的人心基础。

公元前127年，西汉再次出动军队与匈奴交战。汉武帝采取声东击西的策略，派卫青率领骑兵从云中（今内蒙古托克托）出发，西至陇西（今甘肃内），收复河套地区，扫荡那些匈奴进犯汉朝的军事据点。卫青则采取迂回进攻的策略，悄悄从后路包抄，一举捣毁了匈奴白羊王、楼烦王的据点。自此，长

> ◆ 知识链接
>
> **汉朝将军**
>
> 汉朝将军按照官位大小，可依次分为大将军、骠骑将军、车骑将军、卫将军、前将军、后将军、左将军、右将军。

安的威胁彻底解除。后来，汉武帝不但在那里设立朔方郡、五原郡，还特地把百姓迁移到那里生活，拓荒垦田，并修缮长城，派兵长期驻守，以防匈奴入侵。

公元前124年，卫青再次率领三万骑兵出击，击败了匈奴的右贤王，生擒了匈奴王子，大获全胜，满载而归。汉武帝十分高兴，破格提升卫青为大将军，成为全军的统帅。

第二年，卫青为大将军，又两次率领骑兵出击匈奴，都取得了丰硕的战果。在第二次战斗中，汉军中又涌现出一位杰出的将领，他就是当时只有18岁的霍去病，他率领八百骑兵一马当先，突进匈奴营地几百里，取得大胜。霍去病是卫青另外一个姐姐的儿子，也就是卫青和汉武帝的外甥。

公元前121年，身为骠骑将军的霍去病亲率精兵从陇西出发，直攻匈奴。双方交战之后，战况非常激烈。经历了六天的艰苦鏖战，匈奴败下阵来，无奈只好撤退。霍去病乘胜追击，带兵翻越燕支山，足足追了一千多里，来到了匈奴的属地。那儿的浑邪、休屠（均在甘肃境内）等国都是匈奴的附属国。霍去病一鼓作气，不仅击败了浑邪和休屠，还把休屠祭天用的金人给拿了回来。

同年，遭受沉重打击的匈奴贵族内部出现了分裂，浑邪王和休屠王准备率领部众投降汉朝，霍去病又奉命前往接应。中途，那些不愿意投降的人想要发动兵变，浑邪王当机立决，杀死反对投降的人，

知识链接

左、右贤王

左、右贤王是匈奴贵族，单于的左膀右臂，一般由单于的儿子或兄弟担任。左贤王管辖匈奴东部地区，右贤王管辖匈奴西部地区。

▼ 霍去病墓

在霍去病的护送下率领投降的四万多人来到了汉朝。这次战役后,汉朝在这里先后设置了武威郡、酒泉郡、张掖郡和敦煌郡——合称河西四郡。

接连吃了败仗的匈奴残余势力于是将主力撤退到远离汉朝的漠北,打算在那里积蓄力量,然后东山再起。

为了把匈奴彻底打垮,让他们放弃虎狼之心,公元前119年,汉武帝再次派卫青、霍去病挂帅出征。他们二人率领数十万兵马,兵分两路,分别从定襄郡(今内蒙古自治区内)和代郡(今河北蔚县)一带出发,向漠北进军,打算直攻匈奴单于的老巢。要知道,这可是汉军与匈奴之间规模最大的一次战役。

卫青这一路兵马艰难跋涉,穿越沙漠戈壁直抵阗颜山(今杭爱山脉),最终歼敌近两万人。而霍去病则带兵深入漠北上千里,一路将匈奴的左贤王逼退到狼居胥山一带。双方经过殊死决战,最后汉军大获全胜,歼敌七万多人,汉军的足迹一度到达今天的贝加尔湖一带。

漠北之战,匈奴遭遇了致命的打击,出现了"匈奴远遁,漠南无王庭"的局面。从此,匈奴再也不敢南下,而是北徙漠北并西迁。

汉武帝取得抗击匈奴战争的全面胜利,国家进一步安定统一,经济文化得以进一步发展。

▼ 马踏匈奴

马踏匈奴是霍去病墓的主要石刻。战马昂首屹立,脚下踏着的匈奴人手持弓箭,却无法逃脱。

汉武帝时代 | 李广功高难封侯

李广功高难封侯

李广是一位汉代名将，在文帝、景帝、武帝在位期间，他都多次带兵出击匈奴，取得了显赫的战功。他天生身高臂长，有着射箭的天赋。据说，在一次出猎中，他看到远处的草丛中有一个东西，就当成潜伏的老虎射了一箭，过去仔细一看，才发现原来那个东西只是块大石头，而他射出的箭竟深深插进了石头里。

早在汉文帝在位期间，李广就因抗击匈奴立功而被封为中郎将。汉文帝曾感叹道："假如李广是生在当初高祖夺天下之时，那给他封一个万户侯是相当容易的，如同拾草芥一样。"

汉景帝初年，李广被封为骑郎将，这时国内正发生"七国之乱"，李广跟随着太尉周亚夫一同进攻吴楚联军。在这次战斗中，李广英勇杀敌，威震敌胆，当时的吴楚军队正猛烈进攻梁国，幸亏有了李广，梁国这才化险为夷。为了表示对李广的感激，梁王授予了他将军之印。而李广缺乏应有的政治敏感度，居然就这样接受了。

平定叛乱以后，朝廷本应封赏李广，但由于他私自接受诸侯国的将印而触怒了朝廷，因此他没有得到丝毫奖赏。由此可以看出，李广虽然勇气十足，带兵打仗也大有谋略，但却不懂政治。此后，李广

▲ 李广为何不被封侯

虽然人们对李广的评价大多数都是正面的，但是李广的缺点也是很明显的。

据说有一次，李广和随从一起到乡下喝酒，半夜才回来，经过霸陵驿时被一个士兵阻拦。其随从告诉霸陵驿守官这是李将军，但是霸陵驿守官说夜里不能通行，李广只好在霸陵驿外休息了一晚。

不久匈奴入侵，李广被任命为右北平太守，李广请霸陵尉同去，到了军中就因为琐事将其杀了，可见李广还是非常记仇的。

另外，朝廷有明文规定，不得杀降卒，而李广曾经招降800名反叛的羌人，之后又用计杀害他们。他的朋友王朔曾说："没有什么比杀降卒的灾祸更大了，这就是你得不到封赏的原因吧。"

79

知识链接

梁王刘武

刘武是汉文帝的嫡次子，汉景帝刘启的亲弟弟，他的母亲是窦太后。

西汉"七国之乱"时，刘武曾在危急时刻抵御了吴王刘濞的攻击，保证了国都长安的安全，战功显赫。后来他仗着窦太后的宠爱和梁国的富强，想继承汉景帝的帝位，但没有成功。

就被派到边郡做太守，他做太守期间走遍了上谷、陇西、雁门、代郡、云中等很多地方。

公元前129年，李广被任命为骁骑将军，率领大军出雁门关进军匈奴。匈奴单于早就听闻李广的名声，也非常佩服他的才能，因此在战前，单于就命令自己手下不要将李广杀死，要活捉李广，然后将他带回来。

与匈奴兵几番交战后，由于匈奴兵力较大，汉军寡不敌众，于是这次战争以李广失败被俘告终。匈奴骑兵俘获了李广以后，见他已经受了重伤，就将他装在用绳子织成的网兜中，用两匹马拉着网兜。

走了十多里，李广一直装死，然后想着如何能够逃走。到后来，李广发现旁边有个匈奴人骑着的马应该是一匹好马，于是他用尽自己的全身力

气，纵身一跃就跳到了那匹马上，顺手夺过了那个匈奴人手中的弓箭，将他推下马，然后自己向南快马加鞭奔驰。跑了几十里地以后，李广遇到了自己的残兵，于是率领他们一起回到雁门。在回去的路上，他们还被几百名匈奴骑兵追杀，李广一边逃跑，一边用夺取的弓箭射杀追来的骑兵，一时间追杀他们的骑兵纷纷中箭倒地。他们见李广如此厉害，便不敢再追赶，李广这才得以虎口脱险，顺利回到雁门。由于李广打了败仗，汉武帝非常愤怒，下令要砍了他的头。这时，朝中有人替李广求情，他的家人也赶紧出钱替他赎罪，最后他才得以免去一死，但被削职为平民。

当李广快六十岁时，依然未能封侯，他心有不甘。这次，大将军卫青又要出击匈奴，李广为了表达自己的忠心，主动请缨出战。皇帝拗不过他，便答应了，

▼ 雁门关

但却私下告诫卫青:"李广虽说是久经战场,但他已经年老力衰,而且他总是运气不大好,千万不要轻易让他一个人带兵出战。"卫青谨记皇帝的告诫,始终不肯让李广做前锋,而是让他作为侧翼来攻击敌人。军令如山,李广只得从侧道进军,不幸迷了路。

在李广率军陷于迷途时,大将军卫青却已经带领主力部队和匈奴主力进行了几轮交战了,虽然后来李广与大部队会合了,但那时候战斗已经结束。因此李广在这次战斗中非但没有得到功劳,还要为自己迷路延误作战而接受惩罚。这一

次的无功而返让李广感到格外悲凉,自己年纪真的老了,还能打上几天仗呢?恐怕以后更是没有受封的机会了,自己已是老迈之躯,却还要接受小吏的审讯,这对他是莫大的耻辱啊。难道这一切就是命中注定的吗?难道自己没有当诸侯的命吗?想到这里,李广是非常无奈,他老泪纵横,悲愤地拔出自己的宝剑就刎颈自杀了。

　　李广一生征战七十场有余,胜多败少,而且他一直爱兵如子,因此也深受士

弯刀比直刀更利于劈砍

兵的拥戴。但他一生都没有得到能够与他的功劳相匹配的封赏，连他手下的将校们都有几十个被封为侯，但李广自己却始终没有被封侯。为此，李广感觉自己非常悲哀。

▼ 李广刎颈自杀

一次,他和擅长占卜的王朔聊天,就让他给自己占卜,看看自己为什么一直不能封侯。王朔就问他:"将军回想一下自己的经历,是否存在让你有遗憾的事?"

李广认真思考了一会儿回答说:"我曾经被派做过陇西郡守,率领大军镇压叛乱,后来将对方已经投降的八百名士兵给杀了,现在想起来这件事仍然都很是不安。"王朔听完说:"没有比杀害降兵更大的祸患了,这大概就是将军一直未能封侯的原因了。"

李广死后,曾经跟着他打仗的士兵都非常难过。全国的老百姓,不论认识不认识他的,也都为他凄惨的结局而感到惋惜。

张骞出使西域

汉武帝初年,匈奴仍多次骚扰汉朝。为充分了解敌情,汉武帝经常将一些投降了的匈奴人找来问话,无意中他得到了一个对汉朝非常有利的消息:匈奴首领冒顿单于有一个儿子叫做老上单于,当初他大败了月氏国,还将月氏王的脑袋给砍了下来,请人将他的头骨做成了一个可以饮酒的器皿。

自此以后,月氏人将匈奴人视为敌人,心中充满了仇恨。但他们自身的力量太小,又没人帮助他们,于是只好撤回到西方去,但他们并没有放弃,而是一直都想着要报仇。

汉武帝心想，这个机会真是太好了！以前攻打匈奴，他们一失败就逃跑，没办法将他们一网打尽。现在若是能够和月氏国联合起来，两国共同夹击匈奴，这匈奴国就一定无处可逃了！于是，他立刻下了一道诏书，全国征寻能干的人出使月氏国。

但当时，没有人知道这个月氏国究竟在哪儿，更不知道离这里有多远，想要担下这个任务，须有很大的勇气。这时候，有个年轻人应征了，他就是张骞，他希望能得到这个任务，因为他觉得这是一件非常有意义的事。

在他带头下，也有一些胆子大的人应征了，一共有约一百名勇士。还有一个长安的匈奴族人名叫堂邑父，他是一个神箭手，也愿意和张骞一起去寻找月氏国。

公元前138年，张骞就带着一百多人的队伍浩浩荡荡地从长安出发了。他们走到陇西的时候，看到了一片绿油油的农田，农民们都在田地里辛勤地劳作。

在过去，农业是国家的根本，很多朝代都采取休养生息的政策，促进农业的发展

张骞心想，一定要努力完成此次任务，不能再让匈奴人来侵扰这片安静的土地。

不久以后，他们就来到了匈奴人掌管的势力范围。张骞带领勇士们正想迅速通过时，却被匈奴士兵抓个正着。

100多人的队伍如何能抵挡得过匈奴大军！他们一行人都被抓了过去，匈奴首领单于听说抓了一位

汉朝使臣，就把张骞叫来问道："你们这是要去哪个国家？"

张骞答道："我们要去月氏国。"单于当时并没想到他们就是要去联络月氏国一起来打匈奴的，但他拒绝汉使通过自己统领的地盘。张骞被扣下做人质，其他人则被派去跟着匈奴的右贤王牧羊。

张骞并不甘心失败，他一直想办法逃走。一转眼几年过去了，这天，张骞和堂邑父等人商量好，他们趁着看守的人放松警惕时，连忙偷了几匹骆驼与骏马，一路向西逃去。但是大沙漠简直是一望无边，他们没有食物和水，所有人又渴又饿，走不动路，几近绝望。

就在这时候，他们居然看到了一片绿洲，那里水草丰美，还有着很多的鸟儿和野兽，堂邑父作为神箭手，使出了他的看家本领，一连发了好几箭，而且箭无虚发，射中了好多鸟兽，大伙就生吃了。

他们翻过了葱岭，然后抵达了大宛国。这里风光旖旎，每个人都长着高鼻梁、蓝眼睛，男人都留着大胡子，跟汉朝的人的外貌看起来完全不一样。

他们听闻张骞来自汉朝，都非常羡慕，询问了他很多，还拿出酒肉款待他们。大宛国王早就听闻东方有一个神奇的国度，那里的金银财宝多得都用不完，一直很想和汉朝联络往来。这刚好来了一位汉使，自然很高兴。

▼ 张骞

张骞举着使节说:"我等奉汉朝皇帝命令出使月氏国,但中途不幸被匈奴人扣留,现在好不容易来到贵国,若是能得到大王相助,派人将我们安全送到月氏国,我们回去定会汇报给汉朝皇帝,他必然会重重感谢你们的。"

大宛国王说:"这没有问题,你们从这儿出发到月氏国,中间还要经过康居国,你们尽可放心,我会派骑兵和翻译将你们安全护送过去。"

他们被护送到康居国后,康居王也热情招待了他们,还派人将他们送到月氏国。

好不容易到达目的地,了解以后,才知道月氏国被匈奴打败以后,向西逃跑,然后联合大夏国共同建立了大月氏国。这么长时间过去了,他们在这里种地放羊,生活非常美满,已经逐渐将报仇的事情给忘了。

张骞表明自己来意,希望月氏国能够和汉朝联合起来对付匈奴。但月氏人以路程太远、力量不够等借口拒绝了。张骞感到非常失望,在这里一年多仍然无果,于是张骞只好回去了。他们回到了长安,虽然没有完成汉武帝交付的任务,但汉武帝仍然重赏了他们。

这次外交行动虽然失败了,但历史影响却是深远的。通过张骞出使西域,中国与中亚、南亚、西亚以及欧洲的经济、文化都联系在了一起,此后在此基础上形成的丝绸之路在航海事业发展成熟以前,也一直是作为东西方最为重要的商业通道。

知识链接

丝绸之路

丝绸之路发端于古代中国,是连接亚洲、非洲和欧洲的陆上贸易路线,因为这条路线所运的货物主要是丝绸,所以被称为丝绸之路。

▲ 西汉鎏金银竹节熏炉

苏武牧羊

苏武,出生于汉武帝时期,其父亲苏建也是一位抗击匈奴的大臣,曾跟随大将卫青出征,后来因功被封平陵侯,不久后又晋升为将军。

后来他的父亲因为兵败被贬为平民,几年后又被重新起用为代郡太守,最终在这个职位上死去。由于父亲的缘故,苏武兄弟三人还在少年时便都已成为郎官,而苏武更是凭着自己的聪明才干,逐渐晋升为管理马房的官员。

汉太初四年(公元前101年),匈奴的且鞮侯单于登上王位。刚刚即位,他担心自己还未站稳脚跟,汉朝就突然袭击,于是他假装对汉朝皇帝自称后辈,还主动将之前扣留在匈奴的汉使给安全送回。看到匈奴如此的有敬意,汉武帝为答谢单于,也同样准备将曾经扣留在汉的使者送回到匈奴。他任命苏武为中郎将,由他持旄(máo)节,带领一百多人来护送,但没曾想到一件意外却发生了。

汉朝有个人,名叫卫律,他在出使匈奴时偷偷向匈奴投降,单于封他为王,也表示出了对他的信任。但跟随卫律一块出使的人却不想投降于匈奴,他们暗中策划南逃,但不幸的是逃跑计划败露,所有人都被抓捕,苏武也因此事受到了牵连。于是,单于派卫律去审问苏武,劝他尽快投降。

苏武想,自己是汉朝使臣,一定不能投降,更不愿再这样受辱,就准备拔刀自杀。好在卫律及时将他拉住了,他没有自杀成功,但受了重伤。卫律向且鞮侯单于报告了此事,且鞮侯听了非常钦佩苏武的气节,他非但没有恼恨,还派人早晚去侍候苏武。

但且鞮侯单于还是不甘心,他想要说服苏武,再次派卫律去劝降。卫律就以自己在匈奴的亲身感受来诱惑苏武,他说:"你看,我在汉朝只是一名区区的小官。但归服匈奴后,单于却封我为王,我有大片领地,还有数不尽的人马。若是

你投降了，也一定会有享不尽的荣华富贵。你又何必为了汉朝去白白地送命呢？"苏武并不正眼瞧他，一句话都没有回复。

卫律以为苏武在衡量利益轻重，继续对他说："你就听我的吧，投降匈奴，我们可以结为兄弟；若是非不听，今后你便再也没有机会看到我了。"

听了这句话，苏武恼火了："像你这样的人，谁稀罕见你？你明知道我一定不会投降，还在这里威逼利诱，你是想挑起两国的战争吗？若是你杀了我，汉朝定是不会饶了你，而且到时候，连匈奴都会大祸临头，你也一定不会有好下场。"卫律见他还是如此坚定，就灰溜溜地走了。

▲ 汉代陶灯

知识链接

太牢、少牢

古代的帝王在祭祀社稷时，牛、羊、猪三牲全备为"太牢"，也称为"大牢"。只有羊、猪没有牛，为"少牢"。一般来说，皇帝祭祀时用太牢，诸侯祭祀用少牢。

单于看苏武还是如此坚决，说服不动，就想用更残酷的折磨来迫使他屈服。

单于首先将苏武关在一个大地窖里，不给他任何的食物和水。苏武饿得奄奄一息，这时候天降大雪，苏武就用毡毛和着雪来当做食物度日。看到这样，单于决定继续折磨他，这次，他将苏武流放到了北海（今俄罗斯境内的贝加尔湖），那里荒无人烟。单于给了他一些公羊，命苏武拿着旄节放牧，告诉他只有等公羊生了小羊，他才可以回国。苏武听后一言不发，只是一把夺过旄节，然后赶着羊就来到了北海。

这里非常荒凉偏僻，但苏武并没有因此而被吓倒。没有粮食可吃，他就将野鼠储藏的草籽和干果挖出来充饥；天气严寒，他就和羊群在一起取暖；为了保持体温，他一天睡觉的时间非常短。放羊时，他一想起祖国，就抚摸手中的旄节，时间长了，旄节上的旄毛都被他抚摸得掉光了。

在这里放羊放了十多年，苏武将一只只养大的公羊送回去，单于便又把一只只小的公羊给他送过来，但绝口不提同意苏武回国的事情。这期间单于又派了另一位投降于匈奴的汉朝大将李陵劝说苏武，苏武仍然不为所动。

十几年以后，匈奴与汉朝讲和，在众人努力下，苏武终于在汉始元六年（公元前81年）返回了汉朝。当时去的时候有一百多人，但回来仅剩七人；去匈奴的时候，苏武还正当壮年，回汉朝的他已是满头白发，成了一个苍老憔悴的老头。

昭帝非常敬佩苏武的精神，隆重地接待了他，还让苏武亲自带着太牢的祭礼到武帝墓前去祭奠，将他任命为典属国。苏武一直活到80多岁，直到公元前60年，他因病去世了。为了表彰他的忠心，宣帝命人将十一位汉朝著名的大臣画在麒麟阁的墙上，这里面就有苏武。

后代的诗词文学作品中有很多关于苏武的故事。例如，在南宋文天祥的作品《正气歌》中有这样两句："秦时张良椎，汉时苏武节。"后来，还有了现代歌曲《苏武牧羊》，也是对苏武忠贞的民族气节的夸赞。苏武牧羊的故事以及由此表露出的浩然正气，对后世影响深远。

▲ 文天祥

文天祥是南宋末年著名的政治家、文学家，爱国诗人，抗元名臣、民族英雄。他在《正气歌》中高度赞扬了苏武的气节。

司马迁写《史记》

公元前145年，一声响亮的啼哭划破长空，一户姓司马的人家中诞生了一个可爱的小男孩，这个小男孩就是司马迁。

时间过得很快，转眼之间，司马迁就已经20岁了。这天，司马谈将儿子叫到身边说："孩子，你应该做一个有远大抱负的人，而不能老是守在家里。你要多出去走走，看看祖国的大好河山，体验一下各地的风土人情。只有这样，你才能开阔视野，丰富阅历。"

司马迁看着慢慢年老的父亲，握着他的双手说：

"父亲，若是我走了，谁又能来照顾您呢？"

父亲鼓励儿子说："没关系，你不用管我，我将希望已经都寄托到你身上了，希望你能够有所成就。我就在家里等着你回来。"

在父亲的鼓励下，司马迁收拾了一下行装，离开长安，独自一人踏上了旅途，开始考察各地的不同生活。司马迁的足迹遍布大半个中国，他曾在浙江会稽（今浙江绍兴）看到了大禹与众部落首领议事的地方；也曾特地到曲阜考察孔子讲学的遗址；还曾到长沙的汨罗江畔缅怀爱国诗人屈原；他甚至去过汉高祖刘邦的故乡，向当地的沛县乡亲请教，详细询问刘邦起兵的过程……这些经历，无疑让司马迁积累了大量的知识，使他积累了丰富的写作素材，为他后期完成巨著《史记》奠定了坚实的基础。

回到长安以后，司马迁就被选到朝廷里担任一名郎官。这一段经历使他充分了解朝中的复杂情况、汉武帝的性格以及不同大臣的才干。说来也凑巧，后来，他还得到一个去少数民族聚居的西南各地游历的机会。沿途的所见所闻都被他一一记录了下来，这也是他后来写作的素材和依据。

公元前110年，汉武帝亲自率领队伍到泰山去举行封禅大典。司马谈能赶上这样的盛会，格外开心。不知为什么，刚到洛阳，他就突然重病不起了。这时，才从西南返回的司马迁听说这个消息，立刻快马加鞭赶往洛阳。司马谈在任职太史令时，发现国史多年来都无人编撰，很多汉兴以来的杰出人物和事迹也都无人记述，于是他决心要写一部史书来记录这些事情。他做了很多的准备，从构思到史料搜集，而且也已经动手写了部分篇章。但现在他的身体已

经支撑不住，无法亲自实现宏愿了，感到非常遗憾。临终前，他拉着儿子司马迁的手，再三嘱咐他说："自汉朝兴起以后，君主贤明，大臣里有很多忠义之士，在他们身上发生了很多感人的故事，作为太史令，若是不能记录这些，就算是失职。我死了以后，你一定要继承这一事业，将书写完。"司马迁含泪答道："放心吧，孩儿虽然愚笨，但一定不会辜负您的愿望，一定将书写完，绝不敢疏忽！"

司马谈去世以后，司马迁就接替了自己父亲的职位做太史令，他开始继续编写父亲未曾编完的史书。但就在这时候，他却遭遇飞来横祸。

公元前99年，将军李陵被派出击匈奴，但由于李陵寡不敌众，失败投降于匈奴。这个消息传到了朝廷，众臣都表示非常愤怒，纷纷谴责李陵贪生怕死的行为。可是司马迁对此却有不同的看法，他说："当初李陵将军率兵出征，才带了五千人，可他勇闯敌人腹地，足足歼灭了几万敌人。虽然他最终失败了，可毕竟杀了不少敌人，也算是对得起大汉了。臣认为，他之所以投降匈奴，应该是有自己的苦衷，说不定是为了以后找机会将功补过。"

汉武帝认为司马迁为一个叛臣说好话，勃然大怒，说："你为叛国之人说话，是不是也是存心反对朝廷？"于是，他吆喝一声，司马迁就下了监狱，被处以宫刑。在封建社会里，这是一种极大的侮辱，士大夫宁愿死，都不愿接受这样的刑罚。但是，司马迁想到自己还未完成父亲临终的

知识链接

李陵

西汉名将，飞将军李广的孙子。他善于骑射，对属下充满仁爱之心，很受士兵喜爱。

天汉二年，李陵随汉朝大军征讨匈奴，他率领步兵在浚稽山和匈奴兵大战，终因寡不敌众而被迫投降。

▼ 石辟邪

愿望，而自己作为史官的责任也未完成，他一定要写出一部可以"究天人之际，通古今之变，成一家之言"的历史著作，于是他放弃了轻生的念头，忍辱负重地活了下去。

自此以后，他顶着众人的嘲笑，开始奋笔疾书。在艰苦的写作过程中，他经常用古代仁人志士处困苦挫折中仍发愤著述最后流芳百世的形象来不断激励自己。例如，周文王被纣王关进羑（yǒu）里写了《周易》一书，而左丘明眼睛瞎了还完成了《国语》，孙膑被剔去膝盖骨写完一部兵法，等等。司马迁在给朋友写的一封信中这样说，君子都是宁死而不受辱，我何尝不知道？但我之所以现在还隐忍苟活，就是想亲自完成《史记》。当这本书能将上起轩辕，下迄当代的故事都记录完整，流传后世，那我也死而无憾了！

经过多年努力，司马迁终于完成了我国第一部纪传体通史——《史记》。这部书共有130篇，全书50多万字。其中有本纪12篇，记载的是帝王事迹；表10篇，主要是记载大事和重要人物；书8篇，着重记载各种重要的典章制度、出现的天文现象、推行的政治措施以及社会经济生活；世家30篇，主要记载诸侯王以及孔子、陈胜等历史上重要人物的事迹；还有列传70篇，梳理了重要人物、其他少数民族与邻国的历史。在《史记》中，本纪和列传最为重要，因此，后人又将它称为纪传体史书。

> **知识链接**
>
> **左丘明**
>
> 左丘明原名是丘明，因为他的先祖曾经担任楚国的左史官，所以在他的姓前加了个"左"字，称为"左史官丘明先生"，后人称为"左丘明"。
>
> 左丘明开创了中国史学的体制，他所写的《春秋左氏传》《国语》等著作，被广泛赞誉，世称"百家文字之宗、万世古文之祖"。

▼ 汉代鞋靴

巫蛊之祸

> **知识链接**
>
> **江充**
>
> 江充是西汉赵国邯郸（今河北邯郸）人，本名江齐，汉武帝时期作为绣衣使者，主要负责监督皇亲贵戚和汉武帝身边的近臣。
>
> 因为此前得罪过太子刘据，害怕刘据继位后报复，于是一手策划了巫蛊之祸，汉武帝得知真相后，灭了江充三族。

▼ 陶彩绘马

卫子夫被封为皇后以后，他的儿子刘据也被汉武帝立为太子。但刘据是个宽厚仁慈之人，这点和汉武帝很不一样。而且自大将军卫青与骠骑将军霍去病死后，皇后便在朝中再没有了依靠，刘据也慢慢失宠了。

汉武帝一共有六个儿子，其中最小的儿子是赵婕妤所生，叫做刘弗陵。刘弗陵出生的时候，武帝已经六十多岁，老年得子，因而对小儿子格外宠爱。汉武帝经常夸刘弗陵非常像自己，甚至私下里想要废太子刘据，将刘弗陵改立为太子。

这时候，巫蛊术盛行于京城，也迅速传入了皇宫。那些对皇帝、皇后有怨恨的人都纷纷埋藏木头人，并在木头人上面下咒。汉武帝也很迷信这个。一天中午，汉武帝正在午睡，突然梦见了有几千个木头人，他们手持棍棒朝他打过来，他一下子就被吓醒了。

于是，他就担心有人在背后诅咒他，便派了绣衣使者江充追查此事。江充非常心狠手毒，他找来不少心腹，寻找木头人，还用各种酷刑逼供，一旦被他扣上"诅咒皇帝"的罪名，就一定不能活命。没过多长时间，江充就借由此事诛杀了好几万人。

恰巧，太子刘据和江充曾有过矛盾，于是江充

汉武帝时代 | 巫蛊之祸

准备利用这一机会陷害太子。他告诉汉武帝说:"我认为皇上之所以得病主要是皇宫里有人偷偷诅咒皇上,若是那些木头人不挖出来,皇上的病也难好。"汉武帝听信了他的话,让江充带人到皇宫里找木头人。江充为了陷害太子,偷偷将事先已经准备好的木头人给挖了出来,还大肆宣扬说,太子宫被查出的

木头人最多，还诬陷他写了很多诅咒皇上的话。

刘据看江充想故意陷害自己，连忙去向自己的老师石德请教。石德说："我看得先把江充抓起来，严查他的罪行。"刘据说："江充是由皇上亲自委派的大臣，我不敢擅自逮捕他。我还是亲自去奏明皇上吧，或许事情说明白了还能得到赦免。"随后，他迅速备好车马，准备到甘泉宫去面见汉武帝。江充着急了，他拦住刘据的车马，不放他过去。刘据没办法了，只能采取石德的建议，将江充等人都抓了起来，历数他们犯下的罪行，很快就将他们处死了。

太子刘据怕发生什么不测，赶忙派人通报卫皇后，还调集了大批军队来保卫皇宫。然而，江充有同党偷偷逃到了甘泉宫，对汉武帝说太子刘据要起兵造反了。汉武帝当时并不相信，他派人去传太子，想要当面问问他。但当使者来到长安城下时，他见到很多官民都从城里逃了出来，还告诉他说太子要起兵造反了。于是，他吓得没敢进城，便匆匆跑回通报说："太子确实起兵造反了。"

这时候，汉武帝就信以为真，他马上让丞相刘屈氂（máo）紧急调集军队全力进攻长安，捉拿太子。刘据被逼得没办法，只好抵抗汉武帝派来的攻城军队。双方厮杀了四五天，伤亡人数达好几万。最终，长安城被刘屈氂攻破。刘据眼看大势已去，带着自己的两个儿子就逃出了长安。卫皇后也被牵连，最后自杀了。

刘据和自己的两个儿子跑到了湖县的一位老百姓家里躲藏了起来。这户人家非常穷，平时是靠卖

知识链接

长安的来历

长安是西安的古称，现为中国十三朝古都，被列为中国四大古都之首。长安是中国第一座取名为"京"的都城，也是人类历史上第一座真正意义上的城市。

长安原本只是一个乡，秦始皇的兄弟长安君被封在此地，便取名"长安"。汉高祖七年，刘邦将国都迁移到长安乡，改称长安城，意思是"长治久安"。

草鞋谋生的。如今突然增添三口人，就更是没饭吃了。刘据没办法，只能派人找当地的一个好朋友来接济自己。但那个朋友还未找到就走漏了风声，当地官府发现了他，派人捉拿。刘据再也无处逃跑，自己便上吊死了，而他的两个儿子后来也被杀死。

过了很长时间，汉武帝派人重新调查此事，才知道皇后与太子从未埋过木头人，都是江充从中搞鬼。在这场巫蛊祸乱中，很多人都受了牵连，他自己的妻子、儿子和两个孙子也死了，他是又悲伤又后悔。

上面的事件就是历史上著名的"巫蛊之祸"。因这场祸事造成的伤亡人数达数万人，而且由于储君突然被杀，后宫没有主人，朝纲失控，汉朝政治充满了危机。

> **知识链接**
>
> **巫蛊术**
>
> 在迷信的古代社会，人们在木头人上刻写仇人的名字，之后放到地下或房子里，每天诅咒，认为这样就能给仇人带去灾祸，这便是巫蛊术。

闯关小测试

1. 汉武帝时率军出击匈奴，战功赫赫，而没有得到应有的封赏的是（ ）
   A. 卫青　　B. 霍去病　　C. 李广

2. 创作史学名作《史记》的是下列哪位？（ ）
   A. 司马相如　　B. 司马迁　　C. 东方朔

3. 利用巫蛊之案陷害太子刘据的是（ ）
   A. 江充　　B. 石德　　C. 刘屈氂

参考答案：1.C　2.B　3.A

西汉的衰落

汉武帝透支了汉朝的国力，汉朝不可能继续这样的强盛。他死前，指定年幼的刘弗陵继位，由霍光辅政。霍光与上官桀的斗争，已经显露出外戚争权的残酷。

宣帝不甘心做一个傀儡，他亲政以后，就将霍光家族诛灭。

但汉朝外戚专权的风气已显出端倪，最终发展为王莽独掌朝政，建立"新朝"。

至此，西汉统治结束。

王莽是一个食古不化的人，改革措施不接地气，带来了更大灾难，结果农民起义将他淹没。

三朝重臣霍光

公元前87年，汉武帝因病死亡。此时，继位的汉昭帝才只有8岁。汉武帝临终之际特意交待，让大将军霍光帮助汉昭帝处理朝政。霍光不敢怠慢，协助汉昭帝实施了一系列休养生息的政策，如减免赋税、减轻劳役等。不知不觉中，霍光的权力变得越来越大，这引起了几位朝臣的忌惮，他们想尽各种办法，一心想要将霍光除去。

那时候，有一位左将军上官桀，他想要稳固自己的家族，努力把自己6岁的孙女推到皇后的位置上，但霍光不同意。后来，在汉昭帝的姐姐鄂邑盖长公主的帮助下，上官桀如愿让自己的孙女当上了皇后。为报答长公主，上官桀请求霍光将长公主的一个身边人封为侯，此事又被霍光阻拦了。于是，上官桀父子与长公主自然就结成了一伙，决心将霍光除掉。

过了几年，霍光受命检阅羽林军，即皇帝的禁卫军。上官桀等人想借这个机会除掉霍光。他假借燕王刘旦的名义伪造书信，这封书信上说："霍光借检阅军队的机会，擅自盗用皇上的仪仗队；还在军队面前耀武扬威，骄横十足，看来是企图谋反。"他们将这封书信送到了汉昭帝那里。所幸，虽然昭帝还年幼，但他非常聪明，他察觉出这信是伪造的。自此以后，汉昭帝就对上官桀这一伙人起了疑心。

上官桀等人没有实现自己的计划，还不甘心。这次，他们偷偷地商议好，由长公主出面，宴请霍光，然后准备在他赴宴的时候实施刺杀计划，接着再废去昭帝，上官桀就可以接替帝位。但这个阴谋不知怎么就泄露了出去，霍光听闻此事，连忙报告给了汉昭帝。汉昭帝就令丞相车千秋赶紧发兵，将上官桀一伙人给统统抓起来了。

▲ 车千秋

车千秋本名田千秋，原为高寝郎，就是供奉高祖陵寝的官职。他刚正不阿，因上书为太子申冤，被汉武帝重用，升为宰相。因为他年老，皇帝善待他，朝见的时候允许他坐小车进宫殿，所以被称为"车丞相"。他为相十二年，去世后谥号定侯。

知识链接

霍光

霍光是西汉权臣、政治家，被列为麒麟阁十一功臣之首。汉武帝、汉昭帝、汉宣帝三朝重臣，官至大司马、大将军。

霍光是霍去病同父异母的弟弟，因为霍去病的得宠而频频高升，汉武帝死后霍光就掌握了朝廷大权。

> **知识链接**
>
> **刘贺**
>
> 　　刘贺是汉武帝刘彻的孙子。汉昭帝没有儿子，大臣便立刘贺为帝。刘贺称帝后得意忘形，在位仅有27天，便因骄奢淫逸而被废掉，史称汉废帝。
>
> 　　元康三年（公元前63年），刘贺被封为海昏侯，迁到豫章郡海昏县（今江西省内）就国，直到终老。

▼ "汉并天下"瓦当

　　不幸的是，这位小皇帝年仅21岁就得病去世了，而且也没有孩子。霍光只好将汉武帝的一个孙子，也就是昌邑王刘贺另立为皇帝。但刘贺却是个不争气的，整天就和一帮狐朋狗友吃吃喝喝。他才即位二十七天，就已经做了一千多件不应该做的事情，整个皇宫都是乌烟瘴气的。霍光和大臣们看到这种情况，他们联名上书，请求皇太后下诏，废掉刘贺，然后另立汉武帝的曾孙——刘询为皇帝，这个人就是后来的汉宣帝。

　　刘询是之前在巫蛊之祸中被诬陷而死的太子刘据的孙子，太子出逃的时候，他刚刚出生，但也被牵连入狱。在中国历史上，他是唯一坐过牢的皇帝了。后来，那起事件平息以后，霍光找到了刘询，那时的他已经18岁了。

　　霍光之所以立刘询为帝，其实也有自己的私心。因为刘询母家势力较弱，就可以避免干涉朝政的隐患。后来，霍光将自己的女儿嫁给了宣帝，刘询在民间娶的妻子许平君则被毒死。这样，霍光的女儿就成了皇后。那时候的宣帝势单力薄，没有任何能力反抗，只能接受安排。地节二年（公元前68年），霍光去世，汉宣帝终于能够亲自执掌朝政了。

　　他首先做的第一件事就是将霍家人的政治权力给削弱。接着，他又下诏将原皇后许氏所生的儿子刘奭（shì）封为太子。这些动作都让霍家人坐立不安。

　　后来，霍光的儿子霍禹以及侄孙霍山等人竟铤而走险，计划以上官皇太后的名义请诸大臣喝酒，然后再杀了这些大臣，接着废掉汉宣帝，这样霍禹就可以登上皇位。但此时的汉宣帝早就不是当年那个势单力薄的少年了，他早就羽翼丰满。最终，汉宣帝将霍家及其同党给一网打尽了。

宣帝乘坐的马车非常华丽，此时霍光坐在一旁。宣帝看到霍光的身材很高大，面色严肃，心里感到很害怕，浑身不自在。从那以后，宣帝召见霍光时，便谨小慎微，唯恐出现错误从历史来看，霍光确实辅佐了汉朝的三代皇帝，也立下不少功劳。但霍家人太过强势霸道，难免会招来周围很多人的敌对。结果，虽然霍光在历史上留下了一个好名声，但他的家族最终却遭到灭族之灾。

> **知识链接**
>
> **汉宫秋**
>
> 《汉宫秋》是元朝马致远所写的著名历史剧。写了西汉元帝受匈奴威胁，被迫送王昭君和亲的悲惨故事。
>
> 《汉宫秋》是元曲四大悲剧之一，其他三大悲剧分别为《窦娥冤》《梧桐雨》《赵氏孤儿》。

王昭君出塞

公元前57年，匈奴内斗而致分裂，一下子出来了五个单于。他们互相之间都不妥协，全力为自己谋取利益。这样争斗了几年以后，只剩下了两个单于互相对峙，分别是漠南的呼韩邪单于与漠北的郅支单于，二人各不相让。

公元前54年，郅支单于攻打呼韩邪单于，呼韩邪单于落了下风，他便想办法请求支援，这时候就想到了汉朝。他立刻向汉朝投降，于是得到了汉朝这个强大的后盾，郅支单于看到此形势也不敢轻举妄动了。

公元前51年，呼韩邪单于朝见了汉宣帝。汉宣帝看到他主动称臣，非常高兴。他热情地款待了呼韩邪单于，赠送给他非常多的礼物，还颁发给了他"匈奴单于玺"，代表他是匈奴的最高首领。呼韩邪单于也以汉皇帝臣下的身份欣喜地接受了这枚金印。

又过了几年，呼韩邪单于又一次到长安朝见汉宣帝。这次以后，双方关系明显亲密了许多。这一年

▼ 青釉原始瓷划花双系罐

12月,汉宣帝去世了,汉元帝继承皇位。在匈奴遇到灾情的时候,汉元帝为匈奴送去了两万斛粮食,正是由于汉朝的帮助,匈奴才渡过了难关。

而郅支单于也意识到呼韩邪单于与汉朝的关系已不同以往,他很害怕,于是就西迁到了康居(今哈萨克斯坦境内)。于是,匈奴故地基本上算是归呼韩邪单于所有了。

公元前33年,呼韩邪单于三进长安,为进一步巩固与汉朝之间的关系,他请求与汉朝"和亲"。汉元帝考虑到北部边境的安全,便答应了他的请求。在这之前,汉朝"和亲"一般都是选一位公主或皇亲国戚家的女儿出嫁,但这次汉元帝却有了其他想法,他想挑选一位合适的宫女去"和亲"。

虽然后宫生活枯燥无味,宫女们一直想出去,可是她们一听要嫁到荒凉的漠北,都不愿意"和亲"。正当负责此事的太监急得团团转的时候,有位宫女竟然主动请缨要去"和亲",她就是王昭君。

▲ 汉元帝

王昭君名嫱,字昭君,她出生在风景秀丽的秭归(今湖北秭归)。昭君从小就十分聪慧,无论相貌还是才学都非常出众,所以长大后才被选入后宫。宫中生活非常无聊,她早就感到厌倦。现在有这样的机会可以跳出樊笼,而且还可以为国效力,为什么不去呢?管事的宦官见她愿意去,喜出望外,连忙上奏给汉元帝,汉元帝就下旨应允了。

王昭君出行那天,长安城到处张灯结彩,热闹非凡,很多人都出来为她送行。

呼韩邪单于见到王昭君后非常满意,他既娶到了

> **知识链接**
>
> **斛**
>
> 斛是中国旧量器名,也是容量单位,汉朝一斛为十斗,折合现在120斤,即60千克。

呼韩邪单于见到王昭君，欣喜万分

如此年轻美貌的女子为妻，还借此加强了与汉朝的关系。王昭君到了以后，呼韩邪单于马上就封她为"宁胡阏氏"，寓意为能够为匈奴带来安宁的皇后。

自从王昭君到了匈奴，她尽自己所能改变匈奴。她帮呼韩邪单于改革了传统游牧民族的落后习惯，还教会了匈奴人进行农业生产。农业生产发展了，牲畜精饲料的供应就得到了保障，畜牧业进一步发展。于是，匈奴地区逐渐呈现出人畜两旺的繁荣发展景象。

王昭君与呼韩邪单于的夫妻关系也非常和谐，第二年王昭君就生了个儿子，名叫伊屠智牙师，他长大后就被封为右日逐王。

后来，呼韩邪单于病亡，另一个儿子复株累单于继承了他的王位。按照匈奴传统习俗，复株累单于需要再娶王昭君为妻。王昭君嫁给复株累单于以后又生了两个女儿，大女儿叫须卜居次，小女儿叫当于居次。

自王昭君从皇宫出来，便再也没有回去过。她去世以后，葬在了归化（今内蒙古呼和浩特）一个地理位置和环境非常好的高坡。

那里青草生长茂盛，于是后人又将王昭君的墓称为"青冢"。昭君出塞为匈奴人带去了和平、稳定与繁荣，匈奴人都非常敬重她，他们都以王昭君能够葬在自己那里为荣，因此塞外竟有十多处"青冢"。

> **知识链接**
>
> **青冢**
>
> 　　唐代诗人杜牧在其诗《青冢》中写道："青冢前头陇水流，燕支山上暮云秋。蛾眉一坠穷泉路，夜夜孤魂月下愁。""青冢"一词便源于此处。
>
> 　　进入深秋后，北方的草都枯死变黄了，而只有昭君墓上的草还是青色的，因此被称为青冢。后人就用青冢指代昭君墓。

赵飞燕得宠

汉元帝去世以后，成帝刘骜继承王位。但他整天沉迷声色，不思朝政，于是朝中很多事都交由太后王政君进行处理。王太后极为偏袒自己人，陆续提拔了王凤、王商、王莽这几位当朝大司马，他们手中都掌握着实权。

成帝即位以后，最初十分喜欢班婕妤。班婕妤知书达礼，识大体，经常劝谏成帝，要他做个好皇帝。

一天，成帝想在后宫乘车游玩，要班婕妤一同前往，班婕妤婉拒说："回顾观看过的古代图画，自古以来圣明的君主身边都是贤臣，只有夏、商、周的一些末代昏君身边才经常都是宠妾，如今陛下希望和妾同车，那不就是近似于末代昏君了吗？"

成帝听了感觉很有道理，便没有再那么做。王太后后来听闻这件事，她夸班婕妤："古时有樊姬，现今有班婕妤啊。"

但自从成帝遇见了赵飞燕姐妹以后，便渐渐疏远了班婕妤。

一次，汉成帝微服私行，他来到了阳阿公主家，看到了公主家的舞女赵飞燕长得楚楚动人，非常喜欢，就把她带进了宫中。此后，成帝又将赵飞燕的

▲ 汉成帝

汉成帝是西汉第十二位皇帝，不理朝政，大权旁落。

知识链接

婕妤

婕妤是宫中嫔妃的称号，为汉武帝创立。西汉宫中嫔妃的名号有昭仪、婕妤、容华、充衣等共14种。《汉书·外戚传序》中说，婕妤的地位等同于列侯。

妹妹也召进宫,这二姐妹宛若出水芙蓉,见过她们俩的人都是目瞪口呆。成帝非常宠爱她们,将她俩都封为婕妤。许皇后与班婕妤就因此而失宠了。

为保住地位,赵飞燕诬陷许皇后与班婕妤说她们串通一气,私下里用妖术诅

汉成帝荒于酒色,外戚擅政,大权几乎全部为太后一族王氏掌握,为王莽篡汉埋下了祸根

咒后宫里受皇上宠爱的美人。成帝被她蒙蔽了眼睛，听信了她的谗言，非常愤怒，立即下令将许皇后废黜，还将她迁到了昭台宫，皇后的其他亲人也都因此受了牵连。班婕妤也未能幸免，被成帝派人审讯。

班婕妤说："生死之事哪里是我等凡人可以左右的。"成帝听了，觉得她说得有道理，便赦免了她。但班婕妤害怕自己再被诬陷，为了避祸，她就请求去侍奉王太后。成帝应允了。

后来，成帝便想将赵飞燕封为皇后，但王太后认为她出身太过微贱，拒绝了。后来，王太后的外甥淳于长看到成帝的小心思，帮助成帝多次劝说王太后，一年以后，王太后才默许了这件事。

谏大夫刘辅听闻赵飞燕被封后，冒死向皇上上书说："陛下平日里纵情声色，迷恋贱女，还想让这样的女子当上一国之母，就不害怕在上天和老百姓面前蒙羞吗，臣深感痛心，不得不冒死劝谏。"成帝读了奏章以后，气得暴跳如雷，立刻就将他关进了监狱。不久，赵飞燕还是当上了皇后。

王太后本就看不起赵飞燕，赵飞燕当了皇后以后，二人也免不了一些庸俗的婆媳之争。赵飞燕一生未能诞下皇子，自己虽没能生儿子，她却已暗中扶植起了一个远房的侄子刘欣，请求汉成帝立他为太子。

后来，刘欣即位，就是历史上的汉哀帝，他罢免了王莽，将王根驱逐出京，王太后也因此一落千丈。但六年以后，哀帝去世，王太后又将王莽叫回主持丧事，朝中权势又重回王家。

> **知识链接**
>
> **幸运的王政君**
>
> 大约公元前53年，皇太子刘奭的爱妃司马良娣病死，刘奭十分悲伤。汉宣帝怕太子忧伤过度，令皇后挑选五名宫女，供太子选妃。王政君因离太子最近，太子随手一指，就这样，王政君成了太子妃。
>
> 公元前51年，王政君怀孕生下刘骜。公元前49年十二月，汉宣帝驾崩，皇太子刘奭在宣帝驾崩的当天，登上未央宫前殿的龙位，他就是汉元帝。王政君成了皇后。
>
> 公元前33年，汉元帝驾崩，刘骜登基，史称汉成帝，母亲王政君又变成了皇太后。

赵飞燕看着局势已无法挽回，不久就自杀了。从此，王莽就登上了历史舞台。

失败的改革家王莽

▲ 王莽

王莽是西汉孝元皇后王政君的侄子，篡汉建立了新朝（国号为新），史称建兴帝或新帝。

汉哀帝去世以后，王莽依靠王太后在朝中的地位，迅速坐上了大司马一位。上台以后，王莽为了掌控朝廷大权，首先就将仅有9岁的刘衎（kàn）迎立为皇帝，也就是后世所称的汉平帝。

他认为汉朝的天下非常不稳固，想要建立新的政权，这样自己才能名正言顺地当皇帝，推行各种改革，解决当时的社会危机。

但王莽又不想明着争夺皇位。于是，他第一步做的就是将自己的地位和名声给提上去，他想出了一个好主意。他让边境的部族向朝廷进贡一种白色的野鸡。这种白色的野鸡在当时的汉朝看来是一种祥瑞之兆。王莽的支持者们顺势将功劳归到正在掌管国家大权的王莽头上，还说王莽为汉朝的稳定立下了大功，应将他封为"安汉公"。这时候，王莽还假意再三推辞来表示自己的谦虚，后来还是接受了这个封号，但他坚持不要封地。这样，王莽迅速在朝中积累了好名声，很多人都上书称颂他。

为了树立威望，他还导演了很多事情。一次，百官公卿到家里探望他的母亲，王莽夫人穿得十分简陋，人们都以为那是他家的奴仆。后来，他的二

> **知识链接**
>
> **大司马**
>
> 西汉初年在中央政府中设立了太尉一职，当时并没有"司马"的称号。到了西汉武帝元狩四年（公元前119年），开始正式使用"大司马"的称号。
>
> 起初只将大司马授予功勋卓著者，后来慢慢倾向于显赫的外戚。

儿子王获骄横，杀死家奴，王莽借此机会严厉责罚他，还逼得王获自杀。

这些事情都得到了世人的好评。

这一年，平帝12岁了，已经是可以立皇后的年龄了。王莽为维持自己的大权，将自己的女儿嫁给了平帝。大臣们都纷纷送来贺礼，但王莽将大部分的贺礼都返还回去，只收了其中的一小部分，还把已经收下的贺礼都转送给了贫困的人，这件事让人们感觉王莽是个有高尚品格的人。

平帝慢慢长大了，眼看就要亲政了，若是王莽再不赶快动手，那么自己做皇帝的愿望就要泡汤了，于是他使出一计将平帝给害死了。一次宴会，王莽趁着向皇帝敬酒的时机，将慢性毒药掺了进去。平帝喝下之后，不久就病倒了。这时候，王莽还继续假惺惺地为平帝祷告，说自己愿意代平帝去死。但不久，这个可怜的小皇帝就咽下了最后一口气。

虽说毒死了平帝，但他当皇帝的时机仍旧不够成熟。于是，他选择了让刘婴当皇帝，这是一个年仅两岁的小孩，自是不能掌握政权，文武大臣都认为王莽品格高尚，纷纷上书希望王莽能够代理皇帝之位。恰好这时在陕西武功县出现了一件符瑞——一块白色石头，石头上面写着几个字——"告安汉公莽为皇帝"。不多久，这块石头就被送了过来。王太皇太后自然是不相信这个事情，觉得一定是有人从中捣鬼。但当时大臣和平民都请求王莽当代理皇上，王太皇太后也没办法了，只好下诏将王莽任命为代理皇帝。

知识链接

不幸的刘婴

王莽篡位当皇帝后，仍然不放心年幼的刘婴，于是命人将刘婴囚禁起来，彻底断绝他与外界的任何联系，命令任何人不得与他讲话。刘婴长大后，不认识任何牲畜，话也说不清楚，知识面还停留在幼儿时期，变成了一个低能儿。

公元25年，各地起义军风起云涌，在王莽垮台后，起义军将刘婴从安定公府中解救了出来，拥立其做皇帝。然而起义军的另一股强大的势力宣称刘婴不是正统皇帝，派兵将其击败，刘婴在两军交战中被乱军所杀，结束了其悲惨的一生。

> **知识链接**
>
> **外戚**
>
> 外戚即外家，指皇太后或皇后的亲戚。因皇后的关系，常常能接近皇帝，往往身居高位，善于弄权。
>
> 汉代的外戚，大多是靠裙带关系当上大官的。

▼ 十二峰陶砚

不久以后，王莽认为登上皇位的时机已经到了，他利用自己的政治权力和强大的民意，强迫这个小皇帝给自己让位。

但表面上，王莽仍旧是拒绝谦让，小皇帝则是一再表示王莽功德高，一定要让位给他。于是，王莽"不得已"接受了这个皇位，做上了真正的皇帝，将国号改为"新"。这场表演像是尧舜的禅让，但其实只是他不想留下"抢皇位"的恶名，自导自演的一出"禅让"的戏而已。

公元8年，王莽正式成为皇帝，他改国号为新，仍把都城设在长安。自此，历史上存在了二百一十年的西汉王朝彻底退出了历史舞台。

登基后，王莽为了加强皇权，开始以各种名义进行变法。他将全国土地变为私有"王田"，不许人们私自买卖；下令奴婢也是"私有"的，不可以进行交易；此外，他还重新评定物价，改革币制。

但是，王莽的这些改革都不过是表面文章罢了，这些教条主义根本就不符合当时的现实情况，对国家发展无益反而有害。人们对于他的改革不但不感激，反而开始怨恨他。

例如，王莽规定所有土地全归国有，不允许私自买卖，其用意其实是要防止国家的有钱人兼并土地，但这样很多家里有土地的人想要卖土地应急都没办法，自然产生了很多抱怨。又比如，王莽下令不准买卖奴婢，这是对人权的尊重，但是王莽执政期间并没有设立救济机构，在人

西汉的衰落 | 失败的改革家王莽

们走投无路想要卖身为奴活下去的时候，却也被这条规定给阻挡了。因此，这些规定的推行没有为他增加更多的好感，反而很多人咒骂王莽断绝了他们的生路。

至于货币改革，那就更是一大失败。货币的使用原本简单明了，但王莽推行的货币改革则是将货币使用改得更为复杂。他将新货币分为五类，每一类下面又有好几种。于是，人们在买东西时只能拿着各类货币兑换表来计算，否则，就一定弄不清楚。如此看来，这样的货币缺少实用性，人们又怎能不怨声载道呢？

王莽对老百姓进行残酷压榨，再加上连续的天灾，农民被逼得走投无路，只得起义。东方和南方都出现了大批农民起义。王莽推行的这种不符合社会现实情况的改革也很快在农民起义的打击下以失败告终。后来，王莽的新朝也被人们推翻了，他自己则是落了个身首异处的下场。

> ◆ 知识链接
>
> **王田制**
>
> 王莽借鉴古代的井田制，规定土地归国家所有，并参照古人说的一对夫妇享有一百亩田地的标准分田，禁止地主豪强兼并土地。
>
> 但是，地主及皇室贵族都激烈地反对这条政令，执行的阻力过大，王莽只得取消王田制。

▼ 新朝青铜方斗

绿林赤眉起义

新莽末年，社会危机加深，这时又逢南方荆州发生了严重的饥荒，百姓们只能靠野菜充饥。但灾民太多了，这些野菜哪够？顿时民怨沸腾，争斗也变得多了起来。这时两个颇有声望的人站了出来，一个叫王匡，一个叫王凤，他们为饥民们排忧解难，因此受到了百姓的拥护，大家推举他们为首领。后来，王匡、王凤把饥民们组织到一起，准备起义，百姓们纷纷响应，四方饥民、逃犯前来投奔。他们占领了绿林山作为根据地，又陆续攻占了附近的乡村。没几个月工夫，他们的队伍就发展到了七八千人，被称为绿林军。

王莽得知后，立即派兵两万前来剿杀绿林军，没想到却被绿林军给打得溃不成军。如此一来，绿林军气势更盛，乘势接连攻下了几座重要县城。于是，投奔绿林军的人越来越多，这支起义军的人数迅速增加到了五万多人。

不幸的是在第二年，绿林山上突然爆发疫病，因为医疗条件不好，差不多有一半的起义军将士因疫病而死。剩下的一半将士不得不离开绿林山，转移到别处再做打算。他们分为两路人马，一路称下江兵，由王常、成丹率领西入南郡；一路称新市兵，由王匡、王凤率领北上南阳。新市兵在进攻随县时，陈牧、廖湛率数千人响应，称为"平林兵"。三路人马继续发展，各占一块地盘，队伍又壮大了起来。

当南方的绿林军在荆州一带和官军厮杀时，东方的起义军也迅速壮大起来。东方起义军的首领是琅琊人樊崇。樊崇为人仗义，富有谋略。公元18年，樊崇率众在莒县起义，起义军声名远播，许多人纷纷率部投靠。很快，樊崇的起义军人数就达到了几万人。樊崇的起义军内部等级沿用了汉朝乡官的名称，地位最高的称为"三老"，其次称"从事"，再次称"卒史"，

知识链接

绿林山

绿林山位于湖北京山西北，驻扎在这里的起义军被称为绿林军，后人多以绿林好汉称赞那些除暴安良的好汉。

▼ 五铢钱

战士们彼此则以"巨人"相称。起义军内纪律严明，他们打击贪官污吏，抢粮救济灾民，深得民心。王莽见赤眉军发展迅速，十分惶恐。公元22年，王莽派大军镇压樊崇起义军。这时候，樊崇已作好了十足的准备，他率领起义军与官军展开了大战。为避免自己的起义军士兵与官兵混淆，樊崇命令自己的部下都把眉毛染成红色，作为特别的标记。因此，樊崇的起义军又叫做"赤眉军"。

王莽的军队在镇压起义军的途中四处烧杀抢掠、残害百姓，与赤眉军形成了鲜明的对比，遭到百姓们强烈抵抗。这场镇压战争，王莽的官军大败，逃散了一大半。赤眉军却越战越勇，发展到了十多万人。后来，绿林和赤眉两支起义军大败王莽军的消息在附近传开，很多其他地方的农民也都活跃起来，纷纷起义。仅黄河两岸的大平原上的各种起义军就已经有几十路了，还有一批逐渐没落的贵族、地主和豪强也趁乱起兵，反对王莽。

刘縯、刘秀二兄弟居住在南阳郡春陵乡（今湖北枣阳），他们是汉高祖刘邦的九世孙。刘縯个性刚毅，喜欢结交豪杰，公元22年，他们也发动族人和宾客共七八千人在春陵乡起义，称春陵军。后来，春陵军又联合绿林军的三路人马，接连打败了王莽派来的好几名大将，声势也因此强大起来了。

绿林军的反莽联军声势浩大，将士们都觉得需要有一个首领，统一发号施令。可是，到底立谁为帝却一直定不下来。贵族地主出身的起义军将领根据正统观念，认为皇帝一定要找一个姓刘的人才算

知识链接

樊崇

樊崇是著名农民起义领袖，新莽末年赤眉军的首领。

公元18年，樊崇率众在山东莒县发起起义。虽然起义时仅有一百多人，但樊崇为人豪爽，有勇有谋，军纪严明，起义军所向无敌，不到一年就发展到几万人。最后他被刘秀杀害。

▲ 太师公将军司马印

符合人心。绿林军里有很多姓刘的,那么究竟该拥护谁称帝呢?舂陵军中有刘縯,为人慷慨有大节,深受爱戴,但新市和平林兵的将领认为刘縯势力太大,他们更希望能立一个能被他们控制的人称帝。于是,他们更加属意破落的贵族刘玄。刘縯认为可以等完全消灭了王莽、收服赤眉军以后,再考虑立皇帝的事情,却遭到了王匡等人的反对。刘縯为了维护大局,只好同意立刘玄为皇帝。

公元23年,绿林军各路将士正式宣布立刘玄为皇帝,恢复汉朝的国号,年号为"更始",刘玄又被称为更始帝。

更始帝将王匡、王凤拜为上公,又将刘縯封为大司徒,刘秀则被封为太常偏将军,其他将领也都得到了自己的封号。从那时候起,绿林军又称为汉军。

▲ 刘玄

昆阳大战

更始帝刘玄即位以后,就派出王凤、王常、刘秀三人带领起义军进攻昆阳(今河南叶县)。起义军很快便打下昆阳,接着他们又将昆阳周边的郾城(今河南郾城)与定陵(今河南郾城西北)也给攻了下来。

王莽听说起义军已经有了自己的皇帝,本就坐立不安,如今看到他们来势汹汹,自己连失几座城池,心里更是着急。于是,王莽立即派出大将王寻、王

知识链接

刘縯

刘縯是东汉光武帝刘秀的兄长。更始帝刘玄登基后,知道刘縯的威名远大于自己,于是设计杀害了他。

邑率领共四十二万人的军队，奔赴昆阳。为了壮大声势，王莽军队找来了一个叫巨毋霸的人。人如其名，这个人不但个子高，而且身材特别魁梧，犹如壮牛一般。最特别的是，他具有驭兽的本领，可以指挥老虎、犀牛、大象等各种野兽。王莽封他为校尉，特意让他和野兽们与军队一起上阵。

昆阳的汉军仅有八九千人，他们看到王莽的几十万大军，感觉底气有些不足，担心自己对付不了，于是想要放弃昆阳，回到之前的据点去。这时候，刘秀对大家说："现在我们兵马没有敌军那么多，粮草也不够，只是靠着大家的团结来打敌人，但若是现在大家不能同心协力去打击敌人了，就此散伙了，那么昆阳一失守，我们汉军各部也都会马上被消灭，那时候什么都完了。"

大家认为他说的很有道理，但现实情况又摆在这里，确实是寡不敌众，全部人都死守昆阳也不是个办法。经过商议，大家决定留王凤、王常继续驻守昆阳，让刘秀带兵突围，去定陵和郾城找援兵求救。

这天晚上，夜色正浓，刘秀和十几名士兵出其不意，骑着快马一路冲出了昆阳城南门。王莽军队觉得自身武器精良，且兵力充足，攻下昆阳城简直是小菜一碟。王莽军队特地制造了许多高高的楼车，站在楼车上不停地往昆阳城内射箭，密密麻麻的箭就像雨点一般。他们还尝试用撞击昆阳城的城门、挖地下通道等方法进入昆阳城内。可是，在汉军的严防死守下，昆阳城固若金汤，这些方法最终都失败了。

知识链接

校尉

校尉是我国古代的武官官职，约起始于战国时期。秦朝时尚为中级军官，到汉朝时权力达到顶峰，地位升高，仅次于各将军。

王邑

王邑是西汉末年魏郡元城（今河北大名东）人。汉哀帝时被封为成都侯，官拜步兵将军。王莽称帝后，提拔为大司空，后来又拜为大司马，公元23年被绿林军杀害。

刘秀一行人突破重围到达定陵以后，说服了定陵和郾城的负责人，然后抽调了一千多人，组成了一支先锋军，马不停蹄地赶赴昆阳城，其他人马随后出发。在距离王莽军还有四五里路的时候，先锋军就拉开了架势，准备战斗。王莽军将领得到消息，丝毫没把刘秀带领的先锋军放在眼里，因此只安排了几千名兵将前去应战。

刘秀具有丰富的作战经验，他提前掌握了王莽军的消息，因此带领先锋军先发制人，打得敌人措手不及。刘秀这边的后续援军赶到后，看到先锋军如此勇猛，顿时士气高涨，开始和先锋军一路冲杀，消灭了不少王莽军。王莽军将领王寻、王邑见对方攻势如此猛烈，只好决定暂时撤退。

汉军怎么会这么轻易地放过敌人呢？他们乘胜追击，越战越勇，打得对方溃不成军。"擒贼先擒王"，汉军兵将追着王寻一路砍杀，最终把他杀掉了。昆阳城内的守军听到外面喊声震天，意识到援军已经来了，也纷纷冲出昆阳城，与王莽军决一死战。就这样，汉军形成了夹击之势。王莽军兵将根本无力还击，四散而逃。

正当战况激烈之时，天空突然狂风大作，响起阵阵惊雷，顷刻间，大雨倾盆。王莽军见情势危急，本来想让巨毋霸和野兽也加入战斗。没想到，那些猛兽被吓坏了，不但不进攻，反而哆嗦着连连后退。汉军不肯松懈，继续奋勇追杀。王莽军节节败退，一路向潢水（淮河的支流）方向逃窜。在逃跑的过程中，成千上万的王莽军慌不择路掉进河里，被活

知识链接

城池

城池本意指包围城市的城墙和护城河，后来泛指城市。

▲ 陶彩绘女俑

古代攻城作战时，很早就开始使用专业的机械设备，譬如冲车、云梯、投石车等，这些设备能很好地突破敌军的防线，减少人员伤亡

▲ 西汉陶绘士兵俑

活淹死了，死尸甚至一度堵塞了河道。等到王莽军将领王邑带着残余兵力回到洛阳时，原本的四十多万大军只剩下了几千人。经此一战，汉军士气大振，备受鼓舞。

这次大战后不久，汉军就攻占了洛阳城。王莽走投无路，只能和一些部下躲到皇宫的一座渐台上。渐台四周被水包围，火攻不行，于是，汉军等对方箭射没以后一拥而上，把王莽和他的部下杀了。

就这样，王莽的新朝只维持了短短的十五年，便匆匆结束了。

闯关小测试

1. 在汉昭帝、汉宣帝时期执掌大权的重臣是（　　）
   A. 上官桀　　B. 霍光　　C. 霍去病

2. 远嫁匈奴的西汉女子是下列哪位？（　　）
   A. 赵飞燕　　B. 班婕妤　　C. 王昭君

3. 建立新朝，推行改革失败的是（　　）
   A. 王莽　　B. 霍光　　C. 樊崇

参考答案：1.B 2.C 3.A

儒生治国

东汉一代，儒士作为国家的支柱，表现出强大的精神力量和组织能力。

纵观东汉一代的儒士，上马提剑，下马持笔，文武双全。

他们在战争中勇敢顽强，当机立断；在与宦官、外戚的斗争中，坚持操守，坚贞不屈，为历朝历代所罕见。这种传统一直延续了整个东汉。

东汉的皇帝推崇儒学。光武帝在洛阳兴建太学，汉明帝精通《春秋》《尚书》，汉章帝亲自主持白虎观会议……

刘秀的书卷气

西汉天下的开国功臣，很多都目不识丁，可以说是只会打仗却没文化的大老粗，刘邦就是其中一位，他曾公然戏弄过儒生。但东汉和西汉则不一样。东汉刘秀是学富五车之人，他年轻的时候就在长安游学，并且就读于当时的最高学府——太学。人以群分，刘秀学识渊博，他身边的功臣们也都是儒生，

知识链接

太学

太学是东汉官办的最高学府，由汉武帝在长安兴建，到了东汉中期，盛况空前，学生多达三万余人。

太学主要的作用就是传授儒家经典，为国家培养年轻人才，其入学门槛较高，往往是贵族子弟才能进入。

有邓禹、寇恂、耿弇（yǎn）、冯异等。这些大臣们都是既能上马提剑，又可下马持笔，可谓是文武双全。因为开国时形成的良好风气，因此这种传统一直延续了下去。整个东汉的大臣们都是文武并重之人。

刘秀出身于皇族世家，他自小就接受了儒学教育，后来征战时，他也格外重视儒学的发展。他常常每到一个地方，就派人搜集当地的典籍，好亲自拜访当地有名的儒学家，甚至与他们点灯畅谈儒学

古时候，人们将头上的装饰品称作"头衣"，主要分为冠、冕、弁、帻四种。在汉朝，冠的分类很多。冠能反映出一个人地位的高低

儒生治国 | 刘秀的书卷气

直到深夜，遇到真正有学识的人，就请他们为官或者给予他们封赏。

东汉建立后，刘秀恢复西汉旧制，在洛阳设了太学，还立了五经博士。刘秀常常会到太学，一是巡视太学的发展，此外他也喜欢与学生畅谈儒学。由于他的提倡，当时的许多郡县也都兴办了学校，民间的私学也如雨后春笋般冒出，天下学风极盛。

刘秀也常常到处寻访隐居在民间的大儒，并给他们丰厚的待遇，聘用他们出仕做官。

历史上载有这样一则故事，当时民间有一位会稽余姚人，叫严光，字子陵，是儒学高士，他年轻的时候曾和光武帝一同在太学求学，后来他改名换姓，隐居在民间。

光武帝记得他的贤能，想要任用他为官，于是让人画了严子陵的画像，分发下去，在全国范围内寻访他。花费了大量的人力物力，过了很长时间，才终于有消息——齐地的官员上报朝廷说："皇帝要找的人，正披着羊皮在湖边钓鱼呢。"

光武帝听闻，觉得那应该是严子陵，于是让人准备车马和礼物，前去请他出山。前后请了三次，才终于将他请出来，先安排他在京城住下。

司徒侯霸与严子陵是旧识，他派人带信给严子陵，让人对严子陵说："我们大人听说您在这里，是打算立刻拜访的，但是朝廷有朝廷的制度，他碍于制度，所以不能现在来。天黑后，他会亲自来，再向先生表达歉意。"

▲ 刘秀

刘秀是东汉第一个皇帝，著名的政治家、军事家。

知识链接

侯霸

侯霸是河南郡密县（今河南新密）人，当过尚书令、大司徒。他通晓典章制度，起草了一系列政策法令，深得光武帝器重，对东汉初年的政权建设做出了巨大贡献。

▲ 汉明帝

汉明帝是光武帝刘秀第四子，东汉第二位皇帝，公元57年—公元75年在位。

知识链接

佛教

相传公元前6世纪至公元前5世纪时，由北天竺迦毗罗卫国（今尼泊尔境内）净饭王之子释迦牟尼创立佛教，基本教义有"四谛""十二因缘"等，后逐渐向周边国家传播。公历纪元前后，印度佛教开始由印度传入中国。

这显然是在摆谱啊！于是严子陵笑了笑，将书信扔给带信人，说道："君房先生（君房是司徒侯霸的字）已经官至三公，这很不错。他要是以仁心辅助仁义的话，天下人都高兴。倘若他只会溜须拍马，看人脸色办事，那么迟早会掉脑袋的。"

侯霸收到信后，把它交给了光武帝刘秀。刘秀看完信，忍不住笑道："我这个同窗果真还是老样子，一点没变！"于是当天晚上他就亲自到了严子陵下榻的馆舍。

当时严子陵正在睡觉，光武帝没让人吵醒他，径自走进了他的居室，摸着他的肚皮说："严子陵啊，你就不能当官，帮着我做些事吗？"

严子陵仍在睡着，不发一言，过了很久，他才睁开眼睛对刘秀说："古时，唐尧要给许由封官，许由听说后，赶忙跑到水边清洗自己的耳朵。世上人各有志，又何必要强迫人家为官？"

刘秀知道严子陵的话中意，于是他叹息道："子陵啊，没想到我亲自来，也不能说动你为官啊！"

但刘秀并没有因此放弃，后来，他又派人请严子陵进宫，与其聊天叙旧，他们两人一连相处多日。有一次，刘秀问严子陵："子陵，你看，我与过去比怎么样？有没有什么变化？"严子陵回答道："你是有点儿进步。"

晚上，刘秀和严子陵睡在一起，严子陵故意一边大声地打呼噜，一边还把腿重重地压在刘秀的身上，但刘秀丝毫不生气。

后来，刘秀封严子陵当谏议大夫，严子陵却违

儒生治国 | 刘秀的书卷气

背命令，迟迟没有上任，他隐居在富春山（今浙江境内），一个人种地钓鱼。富春山边有富春江，据说，当年的严子陵就在富春江上的台子坐着钓鱼，后来，人们就把这个台子称为"严子陵钓台"。

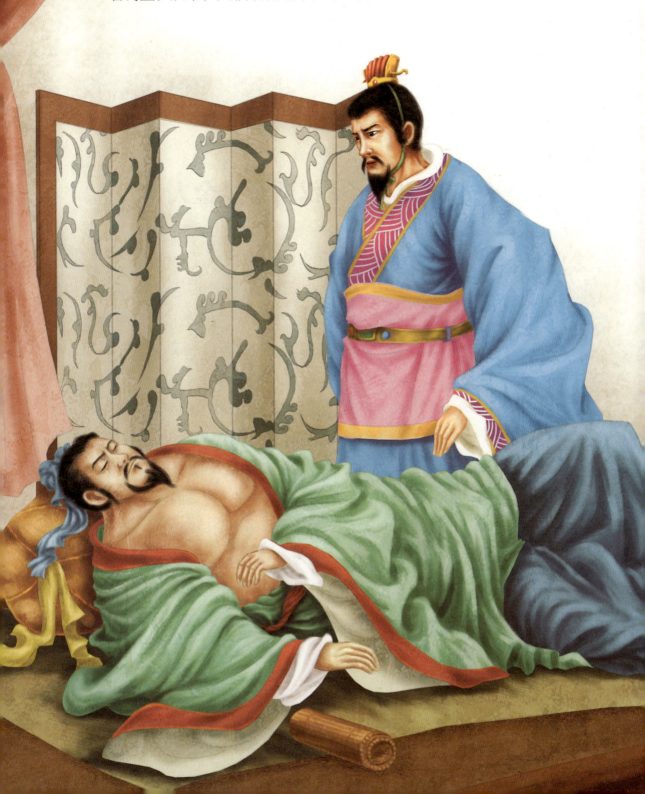

尽管，严子陵始终没有按照光武帝的命令入朝为官，但光武帝也没有因此而惩罚他，光武帝对他的礼遇被天下人看在眼里，向天下表明朝廷推崇学问，尊重名士的态度。今天看来，严子陵保全了自己的名节，光武帝也因为他而成功地做了一个尊重人才的明君，他们两人实现了双赢。

> **知识链接**
>
> **斋戒**
>
> 　　在古代中国，斋戒主要为祭祀、行大礼等严肃庄重的场合做准备，主要形式为沐浴更衣、不喝酒、不吃荤、不与妻妾同房等。
>
> 　　除了外在的形式，还需要"心斋"，要求人忘记人间诸多烦恼，以求清心寡欲，超凡脱俗。

汉明帝梦金人

汉　光武帝去世后，他的儿子刘庄登基继位，史称汉明帝。历史上，汉明帝是一个非常信仰佛教的人，因此，他一生都在用佛教的教义维护自己的统治。根据记载，永平八年（公元 65 年），明帝还专门派人到遥远的印度求取佛经。

　　当时，很多王公贵族都信奉佛教。平日里，这些人会吃素念佛，希望自己死后灵魂可以抵达西方极乐世界。汉光武帝刘秀的儿子刘英，也就是后来的楚王，同样是位虔诚的佛教徒。

　　在这种环境的影响下，汉明帝刘庄也开始信仰佛教。

　　相传有一天夜里，明帝刘庄做了一个非同寻常的梦，他梦到了一个金人，长得高大无比，头上还散发着耀眼的光，看起来十分威武。

　　第二天上朝时，明帝把自己夜间所梦讲

▼ 彩绘漆云凤纹大圆盘

给了文武大臣。当时朝上的大臣们你望我，我看你，都不能解释这个梦的含义，于是朝堂上沉默了许久。

最后，有人站了出来，对明帝说："禀告陛下，据臣所知，您昨晚应该是梦见佛了。我之前听西域的佛教大师讲过，佛的身高大约一丈六尺，浑身都是金黄色，头部会发出日月一样的光辉。根据大师的描述，这跟您所梦到的金人是一样的啊！我认为，这是佛给您托梦，预示着吉祥，臣请陛下赶快斋戒沐浴，并派人前往天竺国取经求佛，以感谢佛祖赐梦啊。"

汉明帝听完此话后，深信不疑，认为自己梦见的正是佛，是吉祥的预兆，大喜之下，就退朝斋戒沐浴，并派郎中蔡愔（yīn）和博士弟子秦景等一行人，带着黄色和白色的上等丝绸，即刻动身到天竺国拜佛取经。

天竺国，古时名为身毒国，正是现在的印度国。西汉初年，印度的商人就已经和中国巴蜀地区通商，张骞通西域时，就曾经在西域见到蜀地出产的布料和邛竹杖，这些中国的物品正是西域人从身毒国转运回自己国家的。张骞在世时，多次想出使身毒国，但他的愿望一直没有实现。

东汉时，随着社会生产的发展，交通也远比西汉时更加便捷。蔡愔、秦景和随从们，风尘仆仆，不远万里跋涉，终于抵达天竺国，并按照皇帝的命令，礼拜当地的佛教大师，向其介绍汉朝的情况，传达了汉明帝希望来天竺求取佛经的心愿。天竺国的佛教大师们被东土大臣们不远万里前来求经的诚意感动，于是也派遣了竺法兰和迦叶摩腾两位大师跟随蔡愔、秦景等人到中国传授佛法，他们一行带了大量写在贝多罗树叶上的佛经。

竺法兰和迦叶摩腾两位大师一到中国，就去见了汉明帝。他们与汉明帝交谈的过程中，向其讲起了佛法教义。汉明帝对此比较感兴趣，他觉得这些教义符合自己的需要，可以帮助他统治国家、完善封建专制制度。于是，汉明帝开始大力推崇佛教，不但让两位高僧把一些佛经翻译成汉文，还答应了两位高僧的要求，要为他们修建专属寺庙。可是寺庙该修建成什么样子呢？竺法兰和迦叶摩腾两位高僧仿照印度佛寺，画出了设计图，将它交给了汉明帝。就这样，汉明帝调拨出一大笔银两，安排很多能工巧匠在洛阳城中修建了一座佛寺。因为当时两位高僧

是用白马驮着佛经一路跋涉才来到中国的,所以就给这座寺庙起名为"白马寺"。要知道,这座寺庙可是中国历史上的第一座寺庙,至今那里仍旧是香火不断,人来人往。

从汉明帝推崇佛教开始，佛教慢慢在中国发展起来。不过，最初因为佛教教义中有很多"印度影子"，并不符合中国当时的传统思想和习俗，所以在后期的发展过程中，高僧们对某些教义进行了修改。而且，中国佛教还融合了包括儒家、道家在内的多种中国传统思想，形成了独具特色的佛教文化。

六朝时，佛教发展达到了鼎盛时期。北魏迁都洛阳之后，许多王公大臣都用剥削来的民脂民膏修建佛寺。根据历史记载，仅数十年间，洛阳城内竟建起了一千多所佛寺，包括名扬天下的龙门石窟就建在那个时候。

班超投笔从戎

东汉时期，有一个书生投笔从戎，他为平定西域、保家卫国做出了卓越的贡献，至今仍被人们颂扬称赞，他就是班超。

班超，字仲升，据记载他身材高大，长得仪表堂堂，平日里不拘小节，是一个吃苦耐劳之人。他少年时期就饱览群书，更难能可贵的是他并不仅仅满足于获取知识，而是真正将所学的东西运用到实践，建功立业，报效国家。

当时，班超的哥哥班固继承父亲遗志，续修《汉书》，却不想有人上书汉明帝，诬告他的修书行为是擅自修改国史，毁谤朝政，于社稷不利。明帝听信告密者之言，下令逮捕班固，班固身陷囹圄。

班超得知班固的事情后，即刻来到洛阳面见汉明帝，向他诉说原委。汉明帝知道后，下令彻查此事。汉明帝看了班固的书稿，对他大为赞赏，不仅将班固无罪释放，还封他为兰台令史，负责校订和掌管皇家图书。后来，班超和母亲也来到洛阳生活，可是因为家里穷，他只好通过给官府抄书来赚些银两贴补家用。

恰逢匈奴前来侵扰汉朝，匈奴人在边境对汉人烧杀抢掠，边境的人们都非常憎恨他们。

儒生治国 | 班超投笔从戎

班超听说此事后，十分气愤，他把手中正在抄书的毛笔往地上一扔，拍着案台道："我此生没有什么太大的志向，只希望能效仿傅介子、张骞，在边境建功立业。现在，因为匈奴侵扰，边地百姓正生活在水深火热之中，我怎么可以安然地在纸笔中消磨一生呢？"

历史上，傅介子和张骞都曾出使西域，为西汉立下了汗马功劳，最终两人都

被封侯，威名赫赫。与班超一同抄书的官员们听到班超有这样大的志向，以为是痴人说梦，太不切实际了，于是纷纷嘲笑他，让他不要异想天开。

但班超并没有因此改志，他凭着自己的出众才干和努力争取，终于被封了一个假司马的军职，如愿跟随当时的大将军窦固一同出击匈奴，在这次战争中，班超立下了大功，载誉归来。他的军事才能被明帝和窦固看中，同一年，明帝给了班超机会，派遣他和郭恂率领一支队伍出使西域。班超的愿望终于实现。

班超在出使西域时，充分展露了自己高超的外交手段，凭借自己智勇双全的政治才能，他一路上招附了鄯善、于阗等国，还帮助疏勒人赶走了傀儡国王，使他们彻底摆脱了龟兹国的控制。继张骞之后，班超在短短一年的时间里，再次打通了汉朝与西域各国的通道，大大加强了汉朝与西域南路诸国的联系。

后来，汉明帝派窦固、耿秉出兵降服了车师国，重新设置了西域都护一职，控制了西域，防御了匈奴的侵扰，这一切与班超前期的付出有着密切关联。

班超在西域时，帮助疏勒人拥立了自己的国王，使其拥有了独立的政权，可以以少量的兵力，击破龟兹国的进攻。但西域毕竟是危险重重之地，当时新登基的汉章帝担忧班超在西域孤立无援，恐怕会有性命之忧，于是下诏让他回朝。但不曾料到，疏勒都尉听到消息后，害怕离开班超，疏勒又会被龟兹灭国，竟然拔刀以自杀相要挟，希望班超可以留下，

知识链接

龟兹国

秦汉时期，龟兹国是西域较为强大的国家，它的疆域辽阔，百姓较为富有。但后来被东汉的班超打败。

为了与汉朝交好，龟兹王绛宾不但亲自到长安拜见了皇帝，还娶了汉朝公主。

后期，龟兹国慢慢走向没落。公元840年左右，龟兹被回鹘人占领，龟兹都城彻底变成了回鹘人的都城。龟兹百姓认为都城已经被诅咒了，而住在都城里的人也会遭殃，便纷纷外逃，最后都城变为一座空城。

继续护卫疏勒。其他知道消息的王侯大臣们也十分惊恐，竟不顾尊严，对着班超大声哭泣挽留，抱住班超骑的马的马腿不让班超走。班超被他们的行为打动，坚定了自己要实现一番抱负的决心：他要在有生之年，让西域各国臣服东汉朝廷。于是，他不顾个人的安危，上书皇帝，希望可以继续留在西域，章帝准许了。此后，班超在西域待了三十多年。

在西域期间，班超凭借着自己卓越的军事才能和艺高人胆大的勇气，建立了一番功绩。他先后征服了莎车、月氏，继而又降服了龟兹和姑墨，杀掉了负隅顽抗的焉耆王和尉黎王，成功地让西域地区的五十多个小国全部归顺东汉王朝，为祖国成为统一的多民族国家做出了卓越的贡献。汉朝任命班超为西域都护，后来又在公元95年时封他为定远侯，食邑千户，班超终于实现了自己年轻时的志向。

班超完成自己的使命后，一直心系国家，想要回到自己的故土，但是西域的各个国家都敬佩他，拼死挽留他，因此他一直在西域生活了三十一年，都未曾回到中原。直到公元100年，那时的班超已经年近七旬，年老多病，他万分思念故土，去意已决，因此正式上书皇帝，表达了自己东归的渴望。公元102年，班超终于如愿回到了故土洛阳，因为功劳巨大，他被封为射声校尉。但因为常年奔波劳累，导致积劳成疾，一个月后，他就病逝了。

班超本是书生，但却有着投笔从戎的志向，他不远万里奔波，在西域立下了赫赫战功，使西域各国臣服，也实现了自己封侯的宏伟志愿。年轻时，他以傅介子、张骞为楷模，而实际上他的历史功绩，丝毫不逊色于前人。他的经历告诉我们：坚持自己的少年壮志，不懈努力，终有一日将会成功。

杨震不收礼

有句俗语叫"天知地知，你知我知"，流传广泛，形容做事十分机密，其他人都不知道。这句俗语年代久远，出自东汉著名清官杨震。

儒生治国 | 杨震不收礼

杨震，字伯起，是弘农华阴（今陕西境内）人。杨震学富五车，他精通经史古籍，曾经做教书先生，门下弟子众多，人们也称他为"关西夫子"。杨震50岁时，因才贤被人们推荐做地方官，后来朝廷也授予他官职，他一路官至太尉。他将"清白吏"作为自己的座右铭，一生为官清廉，很受人们敬重。

历史上，杨震从荆州刺史转而任职东莱郡太守时，中途路过昌邑县，遇到了自己曾经通过"举茂才"而选拔的昌邑的县令王密。

举茂才，是汉代选拔官员的一种制度，属于察举制度的一种形式，即官员把有才能之人推举给朝廷，朝廷对这些人进行考核，合格后再授予他们官职。杨震早年就是由大将军邓骘通过举茂才而成为官员的，王密则是通过杨震举荐而有官职的。

> **知识链接**
>
> **汉代的察举制**
>
> 察举制是汉代的一种选官制度，由丞相、列侯、刺史、太守等推荐贤德的人，然后经过考核，授以官职。
>
> 西汉时以地方推荐为主，考试为辅，东汉开始注重考试。察举的对象，既有平民，也有现任的吏员。

王密再次遇见杨震时，为了报答他当年的知遇之恩，于是在深夜里，怀揣着十斤金子拜见杨震。杨震明白他的来意后，就拒绝了，说："我知道你，你却不知道我的为人啊，怎么能深夜里拿钱给我呢？"

王密回答："请先生放心，夜里没有其他人知道。"

杨震却认真地说："此言差矣，上天知道这件事，神明知道这件事，我知道，你也知道，你又怎么能说此事没人知道呢？"王密听闻，十分羞愧，只能拿着金子离去。这件事后来传扬开来，成为中国历史上"四知"典故，后来人们把它改为"天知，地知，你知，我知"。

延光二年（公元123年），杨震官任太尉，当

▼ 东汉泥质灰陶羊

儒生治国 | 杨震不收礼

时汉安帝的舅舅耿宝希望杨震可以推荐中常侍（古代负责传达皇帝诏令及掌管文书的官员）李闰的哥哥入朝做官，但杨震觉得此人不合要求，坚决地拒绝了。

耿宝不死心，又亲自拜访杨震，威胁他说："李常侍是皇上眼前的红人，你是知道的，我让你征召他的哥哥做官，这可是皇上的意思，我不过是向你传达皇上的意思，难道皇命你也敢违抗？"

杨震听后，义正词严地说："如果朝廷让三公征召谁为官，按理要有尚书颁发的敕令，你只是皇上的舅舅，怎么有权力来传达皇上的意思呢？"耿宝见杨震丝毫不怕自己的威胁还据理反驳，于是愤愤离去。

当时朝廷上官居执金吾（主管首都治安）的阎显，是皇后的哥哥，他也曾利用职权与杨震联系，希望杨震可以推荐自己的一位亲友入朝做官，杨震还是毫不犹豫地拒绝了。但司空刘授得知杨震拒绝了这两个人的为官请求后，却将他们二人征召入朝做官，并且还很快就提拔了他们。

对比杨震和刘授的行为，明显可见杨震是一个光明磊落、刚正不阿的清官。但是，杨震却因为不帮忙，而被阎显等小人怨恨。

杨震为官刚正，他曾多次上书陈辞，指出朝廷的弊端，汉安帝对他已经有些不满。有一次，一个叫赵腾的人上奏指陈朝政的得失，触怒了安帝，盛怒之下，安帝要将赵腾处死。杨震却知道赵腾是心怀家国之人，于是上书为他辩护，希望皇帝可以减

知识链接

执金吾

执金吾在西汉时是一个权力很大的官职，除了能统率军队，还是负责皇帝日常出行的仪仗先导，以及维护京城的治安。

东汉光武帝认为这个官职权力太大了，于是就将这个官职的权力降为维护京城治安和皇帝出巡的先导这两个功能。

▼ 水排

轻对他的刑罚，广开言路，让百姓都可以进忠言。但安帝并没有把杨震的话听进心里，执意要处死赵腾。当时，仇恨杨震的一些小人见杨震为赵腾求情，就向皇帝告状，说杨震在赵腾被处死后，一直对安帝心怀不满，对朝廷怀恨在心。安帝听信了小人的谗言，于是下诏贬黜杨震，把他遣回原籍。

无奈之下，杨震便动身回华阴老家。途径洛阳的几阳亭时，杨震对送他的儿子和门生们说："人终有一死，这是无可避免的。我承蒙圣恩，早年身居高位，已是幸事，遗憾的是我痛恨朝廷上有奸臣，却不能亲自诛杀他们，没有为百姓除去奸臣，我愧对天下人啊！我死之后，只需杂木棺材遮住身体即可。不要归葬到祖坟，也不要设灵堂让后人祭祀。"话毕，他就喝下毒酒自尽了。听闻此事的人们十分感动。

后来，顺帝即位，国内却天灾不断，民间有百姓传言，说这一定是因为杨震蒙冤，所以才天降灾难。顺帝听说后，就给杨震平反了。

闯关小测试

1. 派人去印度取经求佛的东汉皇帝是（　　）
   A. 汉光武帝　　B. 汉明帝　　C. 汉章帝

2. 在东汉时期出使西域的是（　　）
   A. 张骞　　B. 班固　　C. 班超

3. 下列哪一位是东汉时以廉洁自律著称的大臣？（　　）
   A. 杨震　　B. 赵腾　　C. 王密

参考答案：1.B 2.C 3.A

外戚与宦官干政

东汉的后半段,基本上都是皇帝幼年即位,外戚和宦官交替把持着朝政。

正是这两股势力的腐朽统治,使东汉王朝日益衰落下去。

到汉桓帝、汉灵帝时期,东汉王朝的腐朽程度到了无以复加的地步,再加上自然灾害的侵袭,使人民再也无法生活下去。

公元184年,张角领导的声势浩大的黄巾起义爆发,给垂死的王朝以致命的一击。

继而发生董卓之乱,汉献帝成为名副其实的傀儡,东汉名存实亡。

跋扈将军梁冀

从东汉和帝起,之后的皇帝都是年幼时即登基为帝,当时的朝政大权都被外戚或宦官把持,他们作威作福,国家一度动荡。梁冀就是其中一个典型,他长期把持着政权,一手遮天,甚至可以废立皇帝。

> **知识链接**
>
> **汉顺帝**
>
> 汉顺帝刘保是汉安帝刘祜的儿子,生于元初二年(公元115年),是东汉第八位皇帝。
>
> 汉顺帝能当上皇帝,多亏了宦官的拥立。因此,汉顺帝很宠信宦官,将权力都交给了他们,导致宦官为所欲为,使汉朝更加民不聊生,阶级斗争严重,百姓怨声载道。建康元年,汉顺帝去世,共在位19年。

知识链接

汉质帝

汉质帝名刘缵，东汉王朝的第十位皇帝，8岁登基为帝。

原本按照祖制，刘缵是无法做皇帝的。可是，当汉冲帝刘炳病逝后，把持朝政的梁太后及其兄长梁冀为了继续掌控大权，便急忙拥立年龄尚小的刘缵登基，因为刘缵比较好控制。

梁冀的家族势力强大，他的父亲梁商是东汉王朝的大将军，掌握着军权。梁冀还有一个妹妹，是东汉顺帝的皇后。梁商死后，梁冀就继任了父亲的职位，成为新一任的大将军。梁冀为人放荡不羁，继任大将军之后，他更是不把其他人放在眼里，在朝堂上横行霸道，看谁不满意，就把人杀死。

汉安三年（公元144年）时，顺帝去世，他年仅两岁的儿子刘炳继位，即汉冲帝。梁冀的妹妹梁妠成为皇太后，临朝听政，由于新皇帝年幼，梁家基本上独揽了朝廷大权。

即位时间不长，冲帝就死了，梁冀就以大将军的权力扶持年仅8岁的刘缵成为新的皇帝，史称汉质帝。质帝知道梁冀为人骄横霸道，十分不满，就在一次朝会上当众指着梁冀说："梁冀是个跋扈的将军。"

梁冀当场下不来台，暗暗憎恨汉质帝，他心想：这小皇帝才这么小的年龄，就敢在朝堂上公开指责我，他若是长大了，岂不是要罢免了我的官职！

于是，他就起了杀心，让手下人在质帝的食物里动了手脚，质帝吃了被下毒的饼子后，疼痛难忍，赶忙让人召见太尉李固。他忍着疼痛对李固说："朕刚才吃了几口蒸饼，没想到竟然感到肚子闷，口干，快拿些水来，也许还能活。"

梁冀见计策得逞，赶忙阻止质帝说："皇上不能喝水，喝了水只会上吐下泻。"梁冀话音未落，质帝就已经倒在地上死了。质帝死后，李固和其他

▼ 东汉青釉原始瓷四系洗

外戚与宦官干政 | 跋扈将军梁冀

官员联名上书，要求立当时的清河王刘蒜为新帝。

刘蒜为人刚正，做事不留情面，梁冀担心刘蒜上台后，会夺了自己的权力，对自己不利，于是就和自己的皇太后妹妹商议，准备立与自己妹妹梁女莹有婚约的刘志为帝，刘志时任蠡吾侯。梁冀将一些大臣召集起来，对他们说："我今天要立蠡吾侯为帝！"在场的大臣们大都畏惧梁冀，想要讨好依附梁冀，就赞同道："一切都按照大将军的话办。"

朝廷上只有李固和杜乔两个人坚持要立刘蒜，但梁冀抢在他们说话前就高声喝道："退朝！"让他们没有机会发言。李固下朝后还是不服，写信给梁冀，劝说他立刘蒜，梁冀对李固一向不满，看他屡次和自己作对，盛怒之下，就让他的妹妹梁太后罢免了李固，然后按照自己的想法成功地拥立刘志为帝，即汉桓帝。

桓帝继位后，感念梁冀拥立自己有功，于是就给了他很多的赏赐，还加了他的官职，在朝廷上，梁冀俨然是一人之下，万人之一。不仅如此，桓帝还给了梁冀许多特权，比如他上朝时可以缓步而行，且能穿靴带剑，在参拜皇帝时赞礼郎不得直呼他的名字，梁冀还被准许每十天上一次朝即可，且他的座位是单独的一席，不与其他三公同座，这些都是西汉初年时萧何才能拥有的尊贵礼遇。这样，梁冀在朝堂上的地位简直无人可比。

就这样，梁冀在朝堂上拿着高额俸禄，私下里又搜刮民脂民膏，骄奢度日。他经常大兴土木，修

▲ **汉桓帝**

汉桓帝是东汉第十一位皇帝。汉桓帝设计诛灭梁冀后，虽然掌握了朝廷实权，但自己缺乏治国的才能，为了弥补国库亏空，竟然公开卖官，导致朝政更加腐败。

汉桓帝还宠信宦官，将五位宦官封为侯爵，人称"五侯"。五侯的所作所为比梁冀更加过分，老百姓怨声载道，汉朝也更加衰败。

知识链接

赞礼郎

赞礼郎是郎官的一种，掌管祭祀、典礼时的赞导事务。

建自己的府第，他家中的客厅和卧房都有着冬暖夏凉的暗室，每间屋子都连在一起。柱壁都被漆成金色，且有各种各样的雕花；窗户无论大小一律都有精美的图案，雕画有神仙；亭阁精致而曲折相连；他的府上有着不计其数的金银财宝与珍奇玩物，甚至连西域大宛珍贵的汗血名马也被他养在自己的府第。

不仅如此，梁冀还仿照东、西崤山的样子，给自己建了一座园林，传闻里面有森林、绝涧和各种奇禽异兽。梁冀常与他的妻子在园林里游玩。有想要拜见他的人找不到他，就会向园林的守门人交钱，希望能见梁冀一面，看门人收下的钱财竟不下万贯。

梁冀此人贪得无厌，他不满足于园林现状，后又将其扩大到宛如皇帝禁苑般的规模，整个园林扩建后横贯数十里。为把自己的园林打造得如同真正的禁苑，他还派人四处在民间征集生兔。如果有人杀死他园林里的生兔，就要处死杀兔人。

有一次，一个姓胡的西域商人在不知情的情况下，误杀了梁冀园林里的一只兔子，被人举报入狱。后来事情发酵，因此事而死的竟多达十几人。这也可以看出梁冀生性残暴。

梁冀在民间还另选地方建造别墅，并私藏了很多流氓和罪犯，让他们为自己卖力。此外，他买卖无辜的平民，竟把几千平民抓去做奴婢，还自称为"自卖人"。他的所作所为简直丧尽天良。

梁冀任职期间权倾朝野，残害百姓，他平日里

> **知识链接**
>
> **党锢之祸**
>
> 　　党锢之祸指东汉桓帝、灵帝时，宦官乱政，朝廷正直的士大夫、贵族等对其不满而发生的争斗事件。
>
> 　　东汉王朝共有两次党锢之祸，均以宦官的胜利而结束。这种内斗削弱了东汉的力量，也加速了东汉的灭亡。

▲ 汗血宝马

不把任何人放在眼里，包括皇帝本人，被皇帝任命的官员，如果不主动到他那里谢恩，那么很快就会被他革职，或者被杀害。朝堂上有正直的大臣看不惯他的所作所为，就上书桓帝，请求皇帝惩罚梁冀。桓帝也知道梁冀平素欺人太甚，于是也下定决心，要除掉他。

延熹元年（公元158年）天空出现日食这种奇异的天象，当时的太史令陈授见此认为这是老天示警，预示着上天不满东汉王朝政治腐败，发出了警告，陈授让小黄门徐璜向桓帝禀告："天降灾异，是告责大将军。"这件事传到了梁冀耳中，他让洛阳令把太史令陈授逮捕入狱，并在狱中将他活活打死。桓帝知道了此事，十分愤怒，心想："梁冀，你为官多年，横行霸道，根本不把我这个皇帝放在眼中，我早晚有机会要把你处死。"

但当时的大权都在梁冀手中，皇帝并无实权，他没有可依靠之人。左思右想，桓帝只能依靠身边的宦官除去梁冀。

经过一番密谋，公元159年，桓帝让他的亲信宦官单超、唐衡、具瑗、左悺和徐璜五个人，带领宫中卫兵一千多人，包围了大将军府，事发突然，梁冀毫无防备。

梁冀一直认为自己大权在握，皇帝不敢动自己，根本想不到一直不被自己看在眼里的桓帝会突然包围自己，当时被吓得魂不附体。眼见事情没有转圜的余地，感叹大势已去，皇帝不会留下自己的性命，于是和妻子一同自杀了。

知识链接

小黄门

东汉时开始设置小黄门，由宦官担任。侍奉在皇帝左右，收受尚书奏事，传宣皇帝的命令，掌管宫廷内外、皇帝与后宫之间的联络。

▼ 东汉石羊

梁冀死后,他的势力土崩瓦解,百姓们听闻都欢呼雀跃,敲锣打鼓庆祝梁冀作威作福的时代终于过去!

知识链接

李膺

李膺字元礼,河南襄城人,东汉名臣。李膺先被举为孝廉,后又被举为高第,他为官清正廉洁,声名远播。另外,他文武双全,写的文章常被学生竞相传阅。

永寿二年(公元156年),鲜卑侵犯汉朝边界,桓帝任命李膺为度辽将军,敌军听到后都十分害怕,李膺因此威名远扬。

▼ 东汉青釉刻纹镂空瓷簋

党人的光荣

桓帝成功铲除外戚梁冀后,他感念身边的宦官单超等五人的功劳,于是在同一天把他们封侯,历史上称之为"五侯专政"。桓帝没有想到,外戚梁冀虽死,但又出现了宦官当权的局面。

这五个宦官掌权以后,也开始为非作歹,他们五人比当年的梁冀更坏。他们本是皇帝身边的耳目,但如今却把皇帝牢牢控制在了自己的手里——中央和地方的官吏都是他们的亲信。国库里的钱财,也被他们任意挥霍。朝廷从民间收来的钱粮全部归他们所有。他们像吸血鬼一般,榨干了老百姓的脂膏,导致当时的东汉出现了"三空"——田野空、朝廷空、仓库空的混乱局面。

眼见宦官得势,民不聊生,很多正直不阿的士大夫们纷纷采取了半公开甚至全公开的形式站出来反对宦官集团的暴政,这些志同道合者所结成的党派,被当时的宦官们称为"党人"。

汉桓帝延熹九年(公元166年)时,发生了一件匪夷所思的事情。当时一个叫张成的人,

外戚与宦官干政 | 党人的光荣

与宦官有勾结，他特别迷信占卜，有一天他预卜到皇帝近期会大赦天下，竟然唆使他的儿子杀人，他的儿子听信了他的话，犯了命案，这件杀人案子的主审官是河南尹李膺。

李膺得知犯案者的父亲张成私下与宦官相勾结，十分气愤，当堂将张成的儿子抓来，在审明他的罪状后，下令立即斩首示众。

张成看到儿子被杀，十分憎恨李膺，他与私交的宦官说了此事，在宦官的唆使下，给桓帝上了一封诬告信，说："河南尹李膺等人有私心，他们在太学里结交各地的太学生，私下里组建秘密党派，大胆诽谤朝廷，密谋谋反。"

汉桓帝看完信后，在身边宦官们的谗言策动下，相信了张成的上奏，大为震怒，下令要缉拿各地的"党人"。

很快，李膺等人就被逮捕了，此事又牵扯进了陈寔（shí）等两百多人。有的人听闻风声，纷纷逃遁，朝廷却依旧悬赏追捕他们。一时之间，全国可见奉命追捕逃亡者的使者身影，人心惶惶。

次年，李膺等人被皇帝释放，皇帝允许他们返回自己的故乡，但却终身不能再入朝为官。朝廷将这些"党人"的姓名一一详细记录在案。

党锢之祸后，朝廷上很多正直激进的官员并没有因此而屈服，他们反而更加团结起来，鄙视宦官专政，此外，他们还将敢于反抗宦官专政的正直之士，加上"三君""八俊""八顾""八及""八厨"等光荣称号，在民间大肆传扬，引导社会舆论，

> **知识链接**
>
> **汉灵帝**
>
> 刘宏，东汉第十二位皇帝，公元168年即位。在位期间，他巧立名目搜刮钱财，甚至公开标价卖官。
>
> 朝局日益动荡，终于在晚期爆发了黄巾起义，北方的凉州等地陷入持续的动乱之中。

153

以反抗当权的宦官集团。

当时的度辽将军皇甫规因为自己没被列进"党人"名单，还引以为耻，向皇帝上书请求将自己以附党之罪连坐。由此也可以看出，"党人"被当时的人们认为是正面的、光明的舆论形象。

古籍《后汉书·党锢列传·李膺》记载，李膺被朝廷罢免回乡后，居住在阳城的山里，几乎所有的士大夫都认为李膺为人高风亮节，是正义的表率，而纷纷斥责朝廷的肮脏与黑暗。

可以说在当时，"党人"们被士大夫和百姓所推崇，而朝廷里的宦官们则被天下所鄙弃。

到了汉灵帝建宁元年（公元168年），名士陈蕃成为太傅，他与大将军窦武掌握了大权，共同执政。掌权后，他们就起用了李膺和其他曾遭罢黜的一批名士们，并密谋要诛杀朝廷里为非作歹的宦官们。

宦官集团听到风声，抢在他们前面行动，准备捕杀窦武，于是大将军窦武率领了一批禁军与宦官集团展开了斗争，两军对阵时，宦官因为以往长期控制禁军，因此迅速击溃了窦武率领的部队。

政变之后，陈蕃、窦武惨败，遭到杀害，宦官们将他们的宗亲、宾客、姻属全部斩草除根，连他们的门生也都被牵连罢官，终生不得再入朝。

在历史上被称为"八及"之首的张俭，因为打击过宦官集团的势力，因此一直被宦官集团所憎恨。建宁二年（公元169年），有宦官上书皇帝，诽谤张俭与同乡的二十四人结成朋党，还互赠称号，企图危害社稷，动摇朝堂。作为首领的张俭因而受到

▲ 谭嗣同狱中题壁

张俭是东汉山阳高平（今山东微山西北）人。刚开始他被举为秀才，后来担任朝廷官员后便弹劾宦官，被世人称为"八及"之一，后来遭到党禁迫害。汉献帝时期他曾被任命为卫尉，公元198年病卒。

作为清末戊戌六君子之一，谭嗣同维新变法失败后被捕入狱，想起了东汉的张俭，便在墙壁上赋诗一首：
望门投止思张俭，
忍死须臾待杜根。
我自横刀向天笑，
去留肝胆两昆仑。

了追捕。

灵帝没有实权，下诏收捕张俭后，张俭一路东躲西藏，他四处奔逃，看到哪里有人家，就前去请求收容。百姓们知道张俭是正直之士，敬重他的名声和德行，都愿意冒着家破人亡的危险，收留他。

张俭就这样一路逃奔，来到了东莱郡李笃家里。外黄县令毛钦听到消息，带着士兵来搜捕他。李笃看到官兵仍镇定自若，他请毛钦就座，对他说："张俭是正直之士，他名闻天下，如今逃亡是被宦官所害，并非他有罪过。哪怕今日张俭可以被抓到，难道明公您真的会抓他吗？"

> **知识链接**
>
> **蘧伯玉**
>
> 春秋时期卫国的大夫蘧伯玉是一位贤人，当时孔子都要敬他三分，也是道家"无为而治"的开创者。

毛钦听后起身，对李笃说："古有蘧（qú）伯玉羞于独自一人做君子，足下又怎么能一个人有好名声？"

李笃一笑，明白了毛钦的意思，对他说："这个名声自然要和明公一同分享，明公手下留人，已经占了一半的好名声啊。"

毛钦感叹一声，带着官兵撤离了。

张俭有一个旧友是孔褒，他在逃跑的路上想要去孔褒那里躲藏几日，但没想到当时孔褒出去了，只有弟弟孔融在家。孔融当时才16岁，他看到张俭，就让他藏在家里。但没几天，这件事就走漏了风声。官兵们听到消息就来抓张俭，孔融放走了张俭，张俭脱险了，但是孔褒和孔融却被牵连入狱。在狱中，官员在给兄弟俩判刑时，弟弟孔融抢先认罪说："此事与我哥哥无关，张俭是我藏的，你们抓我就行了。"

哥哥孔褒也立刻说道："此事与孔融无关，张俭本来就是投奔我的，因此应该抓我，请你们放了我弟弟。"

官员拿不定主意，于是又审讯他们的母亲，孔褒与孔融的母亲斩钉截铁地说："我的两个儿子都没有罪，我才是一家之主，私藏张俭是我的主意，要判就判我的罪。"

一时间，母子三个人都争着要赴死，官吏眼见无法判决，就将消息报给了朝廷。于是灵帝下诏，处死了孔褒。

张俭一路东躲西藏，民间因为私藏他而被牵连诛杀的人有十多个，其余被牵连而被逮捕和审讯的人更是遍及全国。其中有很多人的亲属都因此被杀害，但却没有一个人供出张俭的下落。一直到朝廷解除党禁，不再追杀张俭，张俭才结束四处逃亡的日子，返回故乡。后来他再次受到了朝廷的重用，被封为卫尉。

这次"党锢之祸"是统治阶层内部发生的斗争。在这次斗争中，东汉"党人"们表现出了伟大的正义感和无私奉献的精神。他们身上所表现出的忠贞正直，都代表了那个时代的进步精神。

东汉第一通儒：郑玄

汉武帝时期开始出现了"独尊儒术"的局面，但儒学之中仍存在很多的派别，不同的派别其学说也有不同，他们对儒家学说都有自己的理解，并且都认为自己是正统的继承人，因此这些派别之间也存在相互攻击，谁也不服谁的情况。在各个儒家学派互相争斗之时，出现了一个伟大的儒学家——郑玄，此人学识渊博，他将各个儒家学派的观点整合到了一起，使大家达成了共识，因此，他也被人们称为"东汉第一通儒"。

郑玄是北海高密人，字康成。少年时期，他曾做过"乡啬夫"，是古代专门负责调解纠纷和征收赋税的官员。但是郑玄对这份别人都艳羡的工作并不感兴趣，他还是希望可以继续读书学习儒家经典，他的父亲因为这件事与他发生分歧，多

外戚与宦官干政 | 东汉第一通儒：郑玄

次发怒，但郑玄还是决定辞去官职，到太学里学习经学。

在太学里，郑玄拜第五元先（第五是复姓）为师，跟随他学习了《京氏易》《公羊春秋》《九章算术》《三统历》等，内容涉及天文地理等，可以说郑玄是个文理兼修的全才。之后，他也在张恭祖的指导下学习了《周官》《礼记》《左氏春秋》《韩诗》《古文尚书》，将儒家的经典进行了研学。

经过潜心的学习，很快，他就出师了，崤山以东已经再没有人可以继续教他了，相当于他在大半个中国的地区内已经找不到可以继续求教的老师了。于是，郑玄离开了太学，到了关中继续求学，在卢植引荐下，他进了马融的门下学习。但是因为马融学生众多，达四百多人，不可能同时给这四百多人上课，因此每个课堂上只能有四五十个人可以进屋听讲，这四五十个人就相当于是马融的研究生。郑玄是新生，因此没有资格进到室内听讲，如此持续了三年，郑玄虽说是马融的学生，却从未见过马融一面，平时给他授课的都是那些研究生们。尽管自己不受重视，但郑玄也没有因此懈怠，仍旧每天刻苦钻研学习。

功夫不负有心人，郑玄终于等到了表现的机会，有一次，马融和他的学生们谈论有关占卜算卦的问题，马融听学生说郑玄擅长算卦，因此马融就让人叫他一同到楼上讨论，郑玄上去后，在与老师讨论的同时，也将自己平时记录下的疑问一并向马融请教，马融感到郑玄提出的问题都非常有水平，一一

▲ 郑玄

郑玄是东汉末年著名的儒家学者、经学大师。他天生就淳朴务实，从一件小事中就可以看出他的性格特点。

郑玄十一二岁时，随同母亲到外祖家走亲戚。当时其他十多位客人都穿着华丽的衣服，打扮得格外漂亮，每个人都口齿伶俐，不住地谈天说地。只有郑玄静坐在旁边，好像自己的身份和才学都比不上别人。

他母亲感到很没面子，就暗中让他表现一下自己，谁知郑玄完全不在乎，说这些低俗的场面"非我所志，不在所愿也"。

知识链接

《说文解字》

东汉末年出了很多大学问家。与郑玄同时代的还有一位许慎。

许慎著有《说文解字》，这是我国语言学史上第一部分析字形、讲解字义、辨识字音的字典。

全书共收单字9353个，另有重文（异体字）1163个，分别归在540个部首之中。

耐心为他做了解答,郑玄受益匪浅。这次讨论后,郑玄就离开了这里,准备回故乡。马融在与郑玄道别后,对门生说:"我很欣慰,郑玄如此有造诣,他如今回家了,定可以将我的学说传到那里。"

后来,郑玄又到各处游学,历经十余年之后,他开始编撰书籍并讲学,由于他学富五车,在儒学上有很大的造诣,人们都慕名而向他求学,他的学生可达千百人。据说,当时有一个人叫何休,也是有名的学士,他在《春秋三传》中主张遵从《公羊传》,而反对《左传》与《谷梁传》,写有《公羊墨守》《左氏膏肓(huāng)》《谷梁废疾》等书。郑玄则反对他的观点,认为治学不该存有门户之见,于是也写了文章来批判何休所写的书,细细反驳了他的观点。何休听说此事,就看了郑玄所写的文章,看完后十分佩服地说:"康成(郑玄的字)可谓是入吾室，操吾矛，以伐我乎！"这句话的意思是郑玄这是进到我的屋子里，拿起我自己的长矛来伐我呀。这句话后来还演变了成语"入室操戈"，一直流传至今，可见郑玄的博学。

郑玄回乡著书时，正逢朝廷上出现党锢之祸，他也成为宦官的重点监视对象，未免祸事，他干脆闭门不出。直到后来党禁解除了，他也不愿入朝为官。当时的大将军何进敬仰他的才华，强迫他到洛阳为官，但郑玄宁死不屈，只在京城待了一夜就逃回了故乡。

后来，黄巾起义爆发，起义军路过高密，得知赫赫有名的圣人郑玄居住在这里，行军都不敢侵扰他，这既反映出郑玄的名气之大，又说明那时的社会盛行"尊重人才"的风气。

> **知识链接**
>
> **苍天与黄天**
>
> "苍天"是指东汉，"黄天"是指起义军要创造的天下。
>
> **甲子**
>
> 在中国传统的干支纪年中，一个循环的第1年被称为"甲子年"，两个甲子之间相距为60年。

黄巾大起义

东汉宦官和外戚接连专权，导致朝纲不振，政治腐败，朝廷内部危机重重，再加上当时天灾不断，各地接连出现水灾、旱灾和蝗灾，地方上的豪强地主乘机兼并农民的土地，致使全国多地灾民无路可走，成为流民。

俗话说，哪里有压迫，哪里就有抗争，

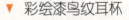
▼ 彩绘漆鸟纹耳杯

随着流民越来越多,他们终于团结在一起,打出了造反的旗号,准备起义。公元184年,民间爆发了一场声势浩大的农民起义,反抗当权的汉灵帝刘宏,这次起义又名"黄巾大起义"。

黄巾大起义的领导者是张角。张角是巨鹿(今河北平乡)人,他原本是太平道的首领。太平道即道教的一派,其典型特点是教众信奉中黄太一神,他们将《太

平清领书》作为教典，主张"黄天太平"的思想，其主旨是相信只有在太平时代，百姓们才能吃穿不愁，拥有无忧无虑的生活。张角在起义前，略懂医道，因此也常免费给百姓治病，他给人治好病后，就会向其宣传太平道的思想，拉别人参加太平道。很多穷苦的农民感念张角救命之恩，都愿意相信张角，加入他所宣扬的太平道。就这样，在大约十年的时间里，太平道的信徒人数越来越多，大概有几十万人。

起义前，张角将太平道的信徒编为三十六方，有大方有小方，大方约一万多人，小方约六七千人，每一方队伍都有一个专门的首领领导，他封其为渠帅。每个渠帅都必须听从张角的统一指挥。为了给队伍增添气势，张角还为起义军定下了"苍天已死，黄天当立，岁在甲子，天下大吉"的十六字口号。经过精心的筹备，他计划在当年的三月五日，组织各方队伍同时发动起义。

张角有一个得力助手，是他的弟子马元义。马元义也是大方渠帅之一。在黄巾起义中，他经常负责与首都洛阳的联系工作，以传达张角的命令。作战时，张角让马元义把荆州、扬州两地的部队约几万人先集中调到邺城（今河南安阳北），这些作为起义军的主要力量，配合洛阳附近各州郡的起义军一同进攻都城。

起义的日子逐渐临近，在张角准备发动战争的前一个月时，济南地区的起义军中有个叫唐周的人反叛了，唐周秘密写信向朝廷告密，起义的消息

知识链接

皇甫嵩

皇甫嵩是东汉末期著名将领，出身于将门世家。他在黄巾起义爆发后，联合吕强上书皇帝，请求解除党禁。皇帝对其赞赏，任命为左中郎将，带领军队镇压黄巾军。后来因为得罪当时的权宦赵忠、张让等，被罢免官职，改封都乡侯。

中平五年（公元188年），皇甫嵩被任命为左将军，率军击败王国汉末凉州军阀之一的叛军。

董卓掌权后，皇甫嵩遭董卓陷害，多亏他的儿子皇甫坚寿苦苦求情，董卓才没有杀他。后来董卓被杀后，皇甫嵩任征西将军，诛灭了董卓的宗族。

皇甫嵩晚年历任车骑将军、太尉、光禄大夫、太常等职。

传到了京城。东汉朝廷闻讯立刻逮捕了马元义,并将他当众杀害。随后,朝廷还在洛阳查出了其余的一千多名起义军,也将他们处死。洛阳顿时人心惶惶。为绝后患,东汉朝廷下令四处搜捕张角。张角收到消息后,决定背水一战,连夜派人到各地通知起义军,让大家立即发动起义。

尽管黄巾起义在事发前走漏了风声,并没有按计划实施,甚至还在开始前就失去了一个重要领袖和一千多名士兵,但这并没有打击到起义人民的气势,他们接到张角的命令后,分布在各地的三十六方军队立即同时发动起义。由于他们在战斗时用黄巾裹头,以示"黄天",因此他们被人民称为黄巾军。张角更是封自己为"天公将军",还封自己的两个弟弟张宝和张梁为"地公将军"和"人公将军"。他们兄弟三个携手,发动并指挥了起义军的战斗。

起义发动后,起义军势如破竹,他们每到一个地方,就放火烧掉当地的官府和衙门,杀掉当地为非作歹的官员和地主。地方上的长官和大地主闻风而逃。黄巾军起义仅十几天的时间,就把朝廷的统治秩序打破了。

东汉当权者看黄巾起义军势如破竹,大惊失色,急忙派八关都尉率重兵把守洛阳附近的重要关口,抵抗起义军。同时还任命皇甫嵩为左中郎将,朱儁(jùn)为右中郎将,让他们两人率领四万多名精兵前去镇压起义军。不想,皇甫嵩出师不利,被颍川的黄巾军首领波才打败,皇甫嵩被起义军困在了长社(今河南长葛东)。朝

知识链接

八关都尉

公元184年,汉灵帝在洛阳周围的函谷、大谷、广城、伊阙、轘辕、旋门、孟津、小平津八关分设都尉,以防御黄巾军。

▼ 青玉龙螭衔环谷纹璧

廷的官军眼见黄巾军作战凶猛，势不可挡，都十分畏惧。皇甫嵩冷静下来后，看出黄巾军虽然气势浩大，但由于都出身农民，因此缺乏作战经验，于是他改变了策略，让部队用火攻打。在一个有风的夜晚，皇甫嵩带领官军偷袭黄巾军，用火烧了波才的军营。波才此时尚在睡梦中，被属下叫醒后，他赶忙集合队伍，想要抵抗官军，但已经迟了。此时，皇甫嵩、朱儁和骑兵都尉曹操一同包围了他们，趁着火势，官军杀害了成千上万的黄巾军士兵。皇甫嵩他们一鼓作气，又乘胜攻打了汝南、陈国两地的黄巾军，取得了决定性胜利。波才走投无路之下，带兵退往阳翟。

与此同时，张角兄弟则带兵在北方地区取得了胜利，他们打败了朝廷派出的北中郎将卢植和东中郎将董卓带领的部队。汉灵帝见皇甫嵩战胜，就火速调他从河南一路北上，夹击黄巾军。张角派兄弟张梁与皇甫嵩大战，两军在广宗（今河北威县东）展开了战斗。张梁作战英勇，他鼓舞士气，率领黄巾军奋勇杀敌，皇甫嵩招架不住，连连败退，退守营门，躲藏了起来。

在双方战局万分紧张时，张角却因病死了。黄巾军顿时哗然，皇甫嵩闻讯趁张梁军队不加防备，对黄巾军发动了反攻，这一次，皇甫嵩打败黄巾军，张梁不敌战死，三万多黄巾兵也一同战死。皇甫嵩把握机会，又继续攻打由张宝率领的黄巾军。此时，张宝已经是势孤力单，他拼尽全力，仍然不敌，在下曲阳（今河北晋州市西）战死。

知识链接

嵩山

嵩山是道教主流全真派的圣地，在古代也叫外方、嵩高、崇高，地处河南省西部，是五岳的中岳。

公元前770年周平王迁都洛阳后，认为"嵩为中央、左岱、右华"，是"天地之中"，便称之为中岳嵩山。

鹤鸣山

鹤鸣山是中国古代剑南四大名山之一，是中国道教的发源地之一，现为道教名山。

鹤鸣山处于四川省成都市西部，因为山的外形似鹤、山藏石鹤、山栖仙鹤而得名。

虽然黄巾起义以失败告终，可是它动摇了东汉王朝的统治。在这次起义期间，董卓、袁绍、曹操等军阀陆续发展、壮大起来，此后，他们逐渐形成了"军阀割据"的局面，东汉王朝慢慢走向了灭亡。

道教初祖张道陵

说起道教，就不得不提到道教始祖——张道陵。张道陵是位传奇人物，被后人尊称为"张天师"，他的生平在千百年的流传间，颇具传奇色彩。

东汉末年，有两个规模较大的教团，一个是张角创立的太平道，另一个就是张道陵创立的五斗米道。太平道遍布中原八州，道徒众多。但后来张角组织了黄巾起义，揭竿而起，反抗朝廷，但是起义失败了，太平道也不复存在。而五斗米道则在张道陵及其传人的努力下，发展壮大。后来，作为道教创始人的张道陵还被人们奉为道教的祖师爷，被人们神化成了天上的神仙。

张道陵的本名叫张陵，据说是汉朝开国功臣张良的八代世孙。张道陵出生在汉朝的沛国丰县，他幼年时就显露出了才华，七岁就能读《道德经》，对其他知识也是触类旁通，一点即透。后来，张道陵又进入了太学，以学习五经为主，但仍是对黄老之学尤其喜欢。汉明帝时期，张道陵被任命为巴郡江州令。可他志不在官场，蹉跎数年后，张道陵不顾母亲和妻子劝阻，毅然弃官，隐居到北邙山修炼长生之道。

修道期间，张道陵设坛讲道，传开了名声。后来，他又寻访名山大川，在途中收徒传道，境界又得到了提升。期间，朝廷征召，想让他入朝为太傅，但张道陵三诏不就，专心修道。

相传，张道陵和徒弟王长在云锦山上修道时，偶然捡到一本奇书，这本书记载的内容十分奇异，张道陵按照书中的记载，修炼起了"龙虎神丹"。据说，张道陵炼丹时每每有所突破，就会天生异象，到第三年他炼丹大成时，天空竟然出现了一条青龙和一只白虎。后来这件事情传了出去，人们就把云锦山改名为龙虎山。现代，龙虎山已经成为世界自然遗产，而张道陵的后代也世居龙虎山。

炼丹成功后，张道陵已经是花甲之年，他带着徒弟四处云游，传道救民。因缘际会之下，张道陵在河南嵩山的一处石室中，发现了《三皇内经》《黄帝九鼎经》《太清丹经》。得到上古丹书后，张道陵的道法修炼更上一层楼，传说他还修成了各种神异的功能。道术高超的同时，他的心境也有所变化，产生了"以道化民"的远大理想。他听闻巴蜀一带百姓正面临瘟疫疾病的侵袭，就带着徒弟南下，进入蜀地。

张道陵师徒来到蜀地，发现了一座青山，这青山三面环水，中有双溪合流，山势起伏好像一只仙鹤，张道陵判定这里是一处灵山宝地。经过打听之后，他们才知道这座山名为鹤鸣山，有传言说是由千年得道的仙鹤所化。山顶还有一只石鹤，如果有仙人入山，石鹤就会长鸣，以示欢迎。张道陵当下便决定在这里定居修炼，传说中他住下的当晚，山上的石鹤就发出了长鸣。

张道陵在这里一边潜心研究道法，一边为当地百姓传授道法，教化民众。传说，正月十五晚上，张道陵已经酣然入睡，午夜时分，天上的太上老君带着许多神仙降临在鹤鸣山头。太上老君看见张道陵，就对身后的众仙说："此人有道根，也有善心，我要传授他符箓之术和治身之道，待他学会后好普度

知识链接

道教的"修炼"

道教追求长生不老，认为普通人可以通过不断地修炼变成仙。

所谓的修炼，主要有两个办法，一是烧炼丹药服用，也叫炼外丹；二是练气修性，也叫炼内丹。

符箓

符箓也称为"符字""墨箓""丹书"，是道教中的一种法术。道教认为符箓能够召唤鬼神，降妖镇魔，治病除灾。

▼ 汉朝狩猎纹陶壶

为了防止冠掉下来,古人发明了缨,缨是用来固定冠的带子,系在下巴下面

百姓。"接着，一个仙人走进张道陵梦中，对他说："快些醒来，太上老君率领众仙降临，要传你道法！"

张道陵从梦中惊醒，见到眼前香花满地，仙乐阵阵，面前站着几位仙人，于是急忙跪拜。太上老君拿出法器交给张道陵，在众仙的见证下任命他成为天师，并嘱咐他要救百姓于苦难之中。

经太上老君点化后，张道陵的道法更加精进。他把神秘道术和治病救人相结合，不仅解民困苦，还施以教化。因此，前来听他讲道的人越来越多，道众可达数万人。慢慢地，张道陵在蜀地积攒了声名，百姓均敬服于他。之后，张道陵以蜀中原来的宗教区划为参照，按一年中的24个节气，将蜀地分成了24个教区，称为"二十四治"，还取缔了当地原有的巫教巫师之徒。由此，张道陵发展起了中国史上第一个道教团。

道教团内部将自己的教派称为"正一道"或"天师道"。张道陵在创教时，即奉老子为师主，还确定以《道德经》作为道教圣典，自奉为教主，信徒称为"鬼卒"。张道陵施行政教合一，设立"祭酒"一职，负责带领教民们遵行教规。在统治道民的同时，还强化教育功能，倡导积善行德，强调"重廉耻、畏天命、行善举"的教化思想，行善者受益，作恶者受罚，就连教授修仙之术时也遵从以德为先。

道团规定，入教者需交五斗米为本，因而人们也将它形象地称为"五斗米教"。张道陵还亲自编写了《老子想尔注》一书，这本书也成为五斗米教

> **知识链接**
>
> **《道德经》**
>
> 《道德经》是道家学派最权威的著作，其作者为春秋时期的老子。
>
> 《道德经》虽然仅有短短的五千余字，但是它的哲理深刻。它的核心思想是道法自然，讲述了如何做才能达到天人合一的境界，同时也阐述了如何才能让君主实现无为而治。
>
> 另外，这也是一部优秀的文学作品，它的语言精练，擅长使用对偶句，深深影响了后世文人的创作。

的经典理论书目。

据传，张道陵最后在四川的青城山升仙而去，同行者还有他的弟子王长和赵升。他升仙后，他的儿子张衡继承了天师之位。张衡之后，他的儿子张鲁又继承了天师位。五斗米道在张鲁手上不断壮大，甚至还成为一个割据汉中的地方政权。

张鲁去世后，他的儿子张盛转移了传道中心，在江西龙虎山一带继续发展，后来发展成道教的正宗。之后，张道陵的子孙就以龙虎山作为祖庭，世代相袭"天师"的名号，龙虎山也发展成为道教的胜地。

王允计除董卓

公元189年，军阀董卓在凉州经过多年发展，势力壮大。他看到皇室昏弱，想要趁机篡权，于是带兵攻打都城洛阳。在朝堂上，他废黜汉少帝，改立陈留王刘协为帝，即历史上的汉献帝。之后，董卓权势熏天，自封为丞相，把握了朝政大权。

董卓为人暴虐，上台后只顾自己享乐，他纵容士兵劫掠百姓，他的行为激发了众人的不满，袁绍、曹操等人纷纷起兵要讨伐他。董卓看局势不妙，就把洛阳城打劫一空，带走所有的财物，强迫汉献帝和洛阳城内的百姓们随他一同迁都长安。

迁都长安后，董卓仍然不思悔改，为了寻欢作乐，特意派人在离长安二百多里的地方，建了一座城堡，名为郿坞。他让工匠把城墙修得坚固无比，然后将搜刮来的民脂民膏尽数藏在郿坞内，据传那里藏着不计其数的金银财宝和粮食，仅粮食就够吃三十年之久。

郿坞建好后，董卓洋洋得意："郿坞建好，大事已成，此后天下就是我一个人的；即使我打不下天下，也可以在这里安度晚年，外面的军阀谁也别想打进来。"

外戚与宦官干政 | 王允计除董卓

董卓早年在洛阳当丞相时，就大肆杀害官员，来长安后，他变得更加专横。满朝文武官员，不管谁说错话，触犯到他，都会掉脑袋。朝堂上人心惶惶，很多大臣担忧自己迟早会被董卓杀害，因此暗中一直想除掉这个坏蛋。

董卓有一个部下，名叫吕布。传言，他不仅力大无穷，而且颇擅骑射，武艺极高，深得董卓赏识、信赖。其实，吕布原本是洛阳守将丁原的手下。董卓攻打洛阳时，特意命人用金银财宝买通了吕布。吕布战前投敌，背叛了丁原，从那以后，他就渐渐成了董卓的心腹。

洛阳之战胜利后，董卓认吕布为干儿子，对他委以重任，让吕布贴身跟随保护他。可以说，两人几乎形影不离。由于吕布武艺高强，因此官员们都不好对董卓下手。

司徒王允痛恨董卓，决心要除掉他。他知道吕布与董卓形影不离，如果不先想办法离间他们两人，就无法对董卓下手，因此便决定要先拉拢吕布。于是，他就常常邀请吕布做客，与他一同喝酒聊天。时间一长，吕布与王允的关系逐渐亲密，与董卓的关系就逐渐变淡了。

为了离间董卓和吕布，王允将一美人送给董卓，董卓视若珍宝，可这美人其实早已与吕布有情。一次，吕布趁着董卓上朝与美人私会，没想到恰巧被董卓撞见了，董卓愤怒地把戟向吕布扔去，吕布敏捷避过，此后两人的嫌隙更大了。

事后，吕布主动低头向董卓赔礼，董卓当场宽恕了他。但吕布却耿耿于怀，认为董卓对他根本没有义父子之情，他不满之际，把这件事说给了王允。王允听后，暗喜吕布与董卓心生嫌隙，于是就把自己希望刺杀董卓的想法说给了吕布："董卓为人暴虐，是国贼，我想要为民除害，不知道您能不能助我一臂之力，咱们一起内外呼应为民除害？"

吕布听到王允说要自己杀董卓，一时不忍，犹豫起来，说："再怎么说我也是他的干儿子，你让我配合你杀他，这于情于理怎么说得过去呢？"

王允听到吕布无意帮自己，叹息说："唉，将军当真糊涂，您和董卓一个姓吕，一个姓董，本不同姓，既然不是骨肉至亲，又怎么能说有父子之情，再何况，

他气恼向您扔戟的时候，差点刺伤于您，又哪里考虑过半点父子之情呢？"吕布听后，犹豫再三，觉得王允说得也有道理，于是答应帮助王允一起杀害董卓。

公元192年，汉献帝病后初愈，大臣们知道后，纷纷跑到未央宫前去祝贺。董卓知晓此事，也准备从郿坞出发到长安来。因为仇敌太多，董卓担心自己在路上遭遇不测，所以特地在朝服之内穿上了刀枪不入的铁甲。不仅如此，他还在身边安排了众多守卫，并让心腹吕布寸步不离地守在一旁。做好一切准备后，董卓认为应该万无一失了，这才启程出发。

可让人没想到的是，暗地里吕布早已和王允勾结在一起了，他们制定了详尽的计划，想要里应外合置董卓于死地。出发之前，吕布特意在守卫中安插了一些自己的人，让他们在宫门口做好伏击的准备。结果，董卓一到宫门口，那些士兵就拿着戟猛刺董卓的胸口。

董卓有铁甲护身，没有大碍，只是被砍伤了手臂。他找准时机跳下车，大声喊道："吕布！吕布快来救我！"

没想到，吕布闪出身来，一反常态地高声说："皇上有旨，讨伐贼臣董卓！"董卓怎么也不会料到，吕布居然会背叛自己，气得大骂："狗奴才，敢背叛我……"

众人还没等回过神来，吕布已经用长矛一下刺穿了董卓的喉咙。董卓随即倒在一片血泊中，其他士兵见此，赶紧上前砍下了他的头。之后，吕布拿

知识链接

王允

王允出身于官宦世家，是东汉末年朝廷的大臣。他担任地方官时能做到勤政爱民，后来与人密谋铲除董卓。

董卓被杀死后，王允和吕布一同执政，然而董卓的余党带领军队攻破了长安，吕布逃跑，王允被杀害。

▼ 东汉铜马车

出诏书宣讲道："我皇英明，下令只杀贼人董卓，别人一概不予追究。"

董卓的将士们在后面听到了，都激动地高呼万岁。

长安城的百姓们被董卓压榨多年，早就对他非常痛恨，听到董卓已经被杀，听到奸贼已除，喜不自禁，成群结队地跑到街上欢呼雀跃。很多平民为了庆祝，还变卖了家中的衣服首饰，换了酒肉饱餐一顿。

董卓虽死，他的势力却没有完全瓦解，没过多久，董卓的部将重整势力打进了长安，他们杀死了王允，赶走了吕布，长安百姓又一次遭到迫害。

> **知识链接**
>
> **戟**
>
> 戟的长柄的一端装有青铜或铁制的枪尖，枪尖旁另附月牙形的锋刃，杀伤力超过戈和矛。
>
> 商代时已经出现了戟，西周时已开始用于作战，但数量很少。春秋时期，戟已经很常见了。

闯关小测试

1. 下列以外戚身份执掌朝廷大权的是（　）
   A. 梁冀　　B. 李膺　　C. 张俭

2. 发动黄巾起义的太平道首领是（　）
   A. 张道陵　B. 张角　　C. 马元义

3. 东汉末年控制朝廷大权，纵兵害民的军阀是（　）
   A. 袁绍　　B. 王允　　C. 董卓

参考答案：1. A　2. B　3. C

建安时代

颠沛流离的汉献帝，被曹操迎入许都。他是一个苦命的傀儡，汉室名存实亡。

此时的曹操，离皇位只有一步之遥，可他至死不敢称帝。因为他不想背上乱臣贼子的骂名。

他要做周文王那样的圣人，把最后一步留给儿子去走。

多灾多难的建安时代，生灵涂炭，十室九空，白骨露于野，千里无鸡鸣。

此时涌现出以三曹和建安七子为代表的一大批文学家，他们的作品昂扬奋发，慷慨悲凉，史称"建安文学"。

挟天子令诸侯

京剧舞台上有一个著名的人物形象，即曹操。他总是涂一个大白脸，眯缝着眼睛，通常耸着肩，弓着背，让人一眼看去就觉得老奸巨猾，是一个典型的坏人形象。但在历史上，曹操并非全然如此，

> **知识链接**
>
> **京剧**
>
> 京剧也称平剧、京戏，中国五大戏曲剧种之一，它是在十九世纪中期融合多种戏剧所形成的艺术形式，被视为中国国粹。

▲ 曹操

曹操是东汉末年著名的政治家、军事家，沛国谯县（今安徽亳州）人，字孟德，小字阿瞒，曾任洛阳北部尉、骑都尉、济南相等职。

知识链接

董承

董承是东汉末年的大臣，汉灵帝母亲董太后的侄子，汉献帝嫔妃董贵人的父亲。

董承因为保护汉献帝刘协从长安逃往洛阳有功，被提拔为卫将军，封为列侯。

建安四年（公元199年），羽翼渐丰的曹操"挟天子以令诸侯"，准备将汉献帝迎到许都。后来汉献帝用血写出衣带诏，交给董承。董承联系各方势力，准备杀死曹操，但事情泄露，董承和董贵人等全部被杀。

他是一位才能出众的政治家、军事家，曾为统一北方做出了很大贡献，他也是一位大诗人，写下了不少传诵至今的诗篇。

东汉末年时，尽管汉献帝刘协名义上是汉朝的皇帝，但他却从未有过实权，从登基起，他就一直被豪强军阀所挟持，在位期间四处飘荡，过着颠沛流离的生活。直到后来在国舅董承的护卫下，他才终于回到首都洛阳。

但当时的洛阳，也早被董卓一把火烧过，一副萧条冷落、田园荒芜的颓败样子，入眼处皆是蒿草丛生，颓墙破壁。汉献帝在京城甚至没有可居之地，只能住进之前的大宦官赵忠家中。甚至他的朝堂只是一间大草棚，官吏们上朝，都是站在荆棘丛生的草丛里。经过战乱，洛阳城里留下的老百姓无粮无田，只能靠剥树皮、挖草根果腹度日。全城皆是如此，汉献帝作为皇帝也不例外，每日只能让尚书以下的大臣们去砍柴伐薪，挖些野菜来充饥，可见当时经过战火的洛阳是多么破败。

群雄们收到汉献帝返回洛阳的消息后，反响强烈。有的谋士认为，当前天下大乱，群雄割据，在混战的情况下，如果谁抓住皇帝，就可以"挟天子以令诸侯"，能够名正言顺地号令天下，继而彻底把持汉室的朝政。当时，袁绍是最有实力的军阀，他手下一个叫沮授的谋士想到了这一点，就劝他说："如果我们可以把皇帝请来，挟天子以令诸侯，就可以名正言顺地用皇帝的名义征讨异己，这样天下归心，大事可成。还望将军把握机会，及早动身。"

但也有不明事理的人劝袁绍说："大将军不必如此，眼下汉朝气数已尽，把他们请过来也没什么威力，而且他占着皇帝的头衔，以后我们做事情还要事事向他请示。若你听他的，不就显得你低于他；但你若不听，又会落人口实说你不遵天子之令。这着实是一件麻烦事啊。"彼时，袁绍虽手握重兵，但并无远见，他听了属下的话后，自己拿不定主意，最后还是没有让人去接汉献帝。

与此同时，曹操那里也陷入了争论，他们也在为是否采用"挟天子以令诸侯"的策略陷入争论。

曹操为人有远见，他听说汉献帝到洛阳后，城内一无所有，处境苦不堪言，于是当机立断前去迎驾。当时，曹操的很多部下不同意曹操的看法，他们认为曹操所在的山东地界混乱，兖州的权势还不够巩固，当下最重要的事是要多占地盘，而非迎接汉献帝。只有谋士荀彧（yù）坚定地支持曹操的观点，主张迎接献帝。他对其他将士、谋士说："众所周知，春秋时期的晋文公派兵护送周襄王到洛邑，他的德行感动了诸侯，诸侯纷纷尊他为霸主；秦朝末年时，汉高祖也曾为义帝戴孝发丧，被天下人敬重。近几年，董卓作乱，导致汉室皇上蒙难，如今，董卓已除，皇帝历经千辛万苦重回洛阳，天下的忠义之士们都思念汉朝，百姓们都希望可以回到过去安宁的日子。此情此景下，若是将军能最先迎帝保驾，既能安服四方豪雄，又能顺应天下的民心，不是一举两得的事情吗？如果您继续犹豫下去，汉室皇帝被别人捷足先登，抢先迎去，就错失了良机啊！"曹操听到

▲ 许都遗址

许都是许昌的别称，位于河南省许昌市建安区东部，三国时期曾是魏国都城的所在地。

东汉建安元年（公元196年），曹操将汉献帝从洛阳迎到此地。曹丕登基为帝后，以"汉亡于许，魏昌于许"的意思，便把许都改为许昌。

知识链接

宗庙社稷

按古代礼制，建造宫殿之前要立宗庙社稷，所谓"左祖右社"，祭祀祖先，永保社稷平安。

骑兵是古代战场上威力很强的兵种，战斗力是步兵的很多倍

荀彧的一番话后，朗声笑道："此真子房（即张良）也，你的观点正合我意！"

拿定主意后，曹操亲自带领人马，一路破除多方阻挠，到洛阳城迎接汉献帝。曹操深知自己的举动可能会引发洛阳城内皇帝和大臣们的猜疑，因此他先下令让军队驻扎在城外，然后自己亲自入城去拜见献帝，打消了他们的疑虑。曹操入城后对献帝说："如今洛阳早已是一片废墟，陛下不该在此立足，许都（今河南许昌）有充足的粮食，风景秀丽，而且比洛阳更加安定可靠，臣建议皇上把首都迁到许都。"朝堂上的大臣们对曹操心生好感，此时纷纷为他说话，劝献帝迁都。献帝早就饱受动乱之苦，他深知洛阳一片残破，难以继续忍受食不果腹的生活，于是答应了曹操的请求，随曹操去了许都。

他们一行抵达许都后，曹操就派人大兴土木，为汉献帝建造新的宫室殿宇，还立了宗庙社稷，以祭祀汉室的列祖列宗。汉献帝对曹操的所作所为甚为满意，封曹操为大将军、武平侯，还封荀彧为侍中。从此，曹操名正言顺地成了汉室的栋梁，统揽了朝政大权。但曹操一生也没有篡汉自立为帝，后来他的儿子曹丕自立为王。

人质般的皇族

伏寿，是汉献帝刘协的皇后，她的一生非常艰难。起先因为汉室没落，群雄割据，因此她迫于无奈跟随傀儡皇帝刘协一路颠沛流离，后来又被曹操诛杀，满门受到牵连。

伏寿是琅琊东武（今山东诸城）人，她出身书香之家。父亲伏完学识渊博，官拜侍中；她的母亲则是桓帝的长女阳安公主。因为出身优裕，伏寿从小知书达礼，可以说是一位品性高尚、富有教养的美人。

中平六年（公元189年），刘辩被立为帝。他的母亲何氏成为太后，临朝听政，何太后的兄弟何进位列大将军，因不满宦官势力，在铲除宦官时反被宦官所杀，洛阳城陷入混乱。这时，并州牧董卓以平乱的旗号入京，趁机废除了少帝，又改立当时年仅9岁的陈留王刘协为帝，即汉献帝。

董卓入京后，自封为相国，又加封自己为太师，朝政大权都被他掌握在手中。他掌权后，并没有严加管束军队，而是放任他们四处搜刮民财，这些士兵们杀人放火，无恶不作，百姓们都非常憎恨他们。因为董卓的暴政，各处州郡刺史都起兵要讨伐他。董卓见势不妙，就挟持了献帝，匆忙从洛阳逃往长安。侍中伏完也一同西迁。到长安后，为了讨好献帝，伏完就将自己的女儿伏寿送到宫中，以小贵人的身份陪伴小皇帝。

初平三年（公元192年）发生政变，司徒王允和吕布等合谋，杀掉了董卓。后来，董卓的部将李傕（jué）又杀死了王允。汉献帝又从董卓的手里落入了李傕、郭汜（sì）等人手中。兴平二年（公元195年），伏寿晋升，被封为皇后。李傕、郭汜两人为争权，发动了战争，仅几个月的时间，就死伤了上万人，连宫室都被战火焚烧，长安城化成了废墟。

事发后，长安已不适合再留，于是献帝与伏后在杨奉、董承等人的护卫下，从长安一路向东逃往陕县（今河南陕县）。危机未除，太尉杨彪请汉献帝不要停步，连夜渡黄河，继续向东，投靠关东一带的郡守。献帝听从了他的建议。连夜向河滩走去。

终于到了河边，献帝、伏皇后首先登船，随后大臣们也上船，但船过小，仅能容下几十人，他们随行的大批武士为了保命，也抢着要上船，一时间乱作一团，很多没有上船的人就扳住船桨，扯住缆绳，不让船离开。董承和兴义将军杨奉见状，就用刀乱砍，船上鲜血四溅，手指乱飞，甚是悲惨。就这样，船才终于成功离岸，向河心而去。此时，伏皇后已经被吓得魂飞魄散。李傕一行赶到岸边时，只能看到远行的船只，他十分生气，但又没有办法，只能看着船渐渐远去。

下船后，献帝继续仓皇地逃命，快到安邑时，河内太守张杨、河东太守王邑等人收到消息，都赶来迎驾，尽管食物和住宿的地方都非常寒酸，但献帝和伏皇后经此一劫后，仍然感到满足。

建安元年（公元196年），汉献帝一行重回洛阳。此时，洛阳的皇宫因为早前被董卓烧成灰烬，献帝和伏皇后没有落脚的地方，因此只能暂住原中常侍赵忠的府第。

没过多久，曹操的军队抵达洛阳，献帝答应与曹操一同到许都定都，由此也形成了曹操"挟天子以令诸侯"的局面。到许都后，曹操独揽大权，被封为大将军、武平侯。汉献帝将伏皇后的父亲伏完封为辅国将军，封董承女儿为贵人，封董承为卫将军。但是献帝只是傀儡皇帝罢了，他身边的所有侍卫、仆从，都是曹操的亲信，实际上，献帝没有任何实权。

渐渐地，献帝厌恶了被曹操控制的生活，不甘于继续当一个傀儡。因此，他写了密诏，让车骑将军董承秘密带出，让宗室刘备、长水校尉种辑、将军吴子兰、王子服等人出策，铲除曹操，匡扶汉室。没想到，建安五年（公元200年），董承等人密谋一事传到了曹操耳中，曹操闻讯后，带剑进宫，对献帝说："董承想要谋反，臣请皇上治罪于他！"献帝知道计策败露，不敢得罪曹操，于是让董承顶罪。

但曹操不依不饶，还将董承的女儿董贵人一同处死。

这件事情后，伏皇后开始担忧曹操有一日也会杀害自己，于是写密信给父亲伏完，让他无论如何也要除掉曹操。但伏完因为惧怕曹操的势力，一直没有对曹操下手。后来，伏完去世，没想到又过了五六年，伏皇后密令伏完诛杀曹操的事情竟然被曹操知道了。曹操大怒，他到宫中逼迫献帝废掉伏皇后，还拿出了写好的废后诏书，让御史大夫郗虑与尚书令华歆一同抓捕皇后。伏皇后无计可施，只好偷偷藏在宫内的夹墙中，可惜最终还是被华歆发现了。沦为阶下囚后，她啜泣着问献帝："陛下，您能帮我向曹操求求情吗？"献帝无奈叹息："我甚至不知道自己又何时会被杀呢！"之后，伏皇后被关密室，幽囚而死。

曹操没有放过伏后的两个儿子，不久后派人将他们毒死。因伏皇后一案被杀害的伏氏宗族达百余人。伏皇后虽然贵为皇后，但在她的皇后生涯中，始终过着或逃命、或傀儡的生活，并没有皇后的威仪。

▲ 华歆

华歆是东汉末年至三国曹魏初年的名士、重臣。

汉灵帝时他被举为孝廉，任命为郎中，因生病而离任。不久又被大将军何进征召，任命为尚书郎。后来担任豫章太守，清廉爱民，老百姓非常喜欢他。

曹魏建立后，曹丕任命华歆为司徒。魏明帝登基后，官至太尉。太和五年去世，谥号为"敬"。

知识链接

夹墙

夹墙指两座距离非常近、中间仅有狭窄道路的墙壁。

官渡之战灭袁绍

曹操自把献帝迎到许都后，就一直名正言顺地控制着朝政大权，袁绍失去先机，一直对曹操不满。于是，他派人对曹操说："许都气候潮湿，怎么能让天子长期居住，不如让天子迁都到鄄（juàn）城。"曹操知道袁绍的心思，并没有答应他。袁绍见曹操不上当，因为自己兵力强盛，就打算灭掉曹操，两雄相争，大战一触即发。

袁绍，出身显赫，他家中世代为官，自他高祖父以下，四代中有五人曾位列"三公"，袁氏门生遍及天下。

当时，袁绍准备发兵十万南下，一举消灭曹操。为了万无一失，他还派人劝说在荆州的刘表，让刘表与自己合作，从南方进攻曹操。但刘表表面答应袁绍出兵，实际却按兵不动。袁绍见刘表无心合作，于是又派人到穰（ráng）城争取张绣，让张绣同时向曹操发起侧击，但没想到，这却促使张绣转而投向曹操。两步棋接连失败，袁绍不得已，将大举进攻曹操的时间推后了。

公元200年，袁绍集结了十万的兵马，准备一举渡过黄河，直捣许都，消灭曹操。他先派大将颜良进攻白马（今河南滑县东），但颜良并没有开个好头，反而被曹操的部将关羽斩落马下。这一战，让袁绍攻克白马的计划胎死腹中。

袁绍见一击未中，十分生气，又让大将文丑领兵出击。却未想到曹操竟提早设下埋伏，只用了少量的骑兵就杀死了文丑。

短暂的两次交锋，袁绍一方就损失了两员大将，见势不妙，袁绍只能暂停进攻，修整队伍，与曹军对峙。日子一天天过去，袁绍方军队多达近十万人，而曹军仅有三四万的兵马，且袁军准备的粮食充足，曹军则粮草渐渐不继。

如果袁绍继续采用僵持的战略，那么曹军很快就会坚持不住，等到他们粮草断绝时，就是袁军的大胜之日。但袁绍缺乏战略思维，他不听属下沮授的劝阻，执意要与曹操速战速决，于是命主力到官渡安营扎寨，准备再次发起攻击。

曹操深知自己的粮草不充足，不能打持久战，见袁绍此举正中下怀，于是催动大军主动对袁军发起进攻，两军奋力一战，未分胜负，见不能取胜，曹操很快就改变了战略，他让人在阵地上筑起了深壁和高垒。因为兵力太少，且粮草也不够，曹操认为此战难打，准备撤兵回许都。他的谋士荀彧则认为此时不应撤退，如果撤退，战局就会逆转，唯有坚持下去，捕获战机取胜才是出路。曹操经过再三考虑，听从了荀彧的意见，命令部队继续坚持下去。

曹操听说许攸来投奔，来不及穿鞋就起身相迎

    这一年冬天，袁绍一方就运来了更多粮草。袁绍一方的大将淳于琼率领一万人马负责保护粮草，将粮草安排在距袁绍大营四十里左右的地方。此时，袁绍的谋士沮授再次提议，要袁绍小心粮草的安全，多派官兵在粮草外围巡逻，但袁绍对他有很深的成见，并没有听信沮授的建议。

    恰在这时，袁绍的谋士许攸转而投靠曹操，将袁绍储存粮草的地方告诉了曹操，同时还提议让曹操派兵直接攻打袁军的屯粮地，这样一来，就可以销毁袁军的粮食。曹操得到消息后欣喜若狂，他知道这是反败为胜的关键，于是让曹洪等人留守大营，亲自带了五千兵马直捣袁军的屯粮地。

    趁着夜色，曹军摸黑到了袁军的屯粮地，他们将粮车团团围住，曹操一声令下，曹兵们一齐放火。风促火势，烈焰冲天，一时间，火光大乱，浓烟滚滚。袁绍的护粮军们被响声惊动，看到眼前一片火光冲天，顿时大乱。淳于琼见粮草被烧，镇定下来，发现曹军人马不多，于是他整顿好军队，带着士兵出营迎战。但曹操一方士气高涨，淳于琼只能退回大营坚守。

袁绍收到消息，知道曹操正在向淳于琼发起进攻，于是派高览、张郃前去攻打曹操的大营。但张郃认为曹操大营留兵众多，应该难以攻取，主张先去援救淳于琼的部队。

但郭图是吹嘘拍马之人，他为了迎合袁绍，赞成要众兵攻打曹营，最后，袁

建安时代 | 官渡之战灭袁绍

绍只派了很少的人马去增援淳于琼,而主力部队则被调去攻打曹军的大营。

袁绍援军赶到屯粮地时,曹操的左右侍从收到了消息,他们向曹操报告,请求曹操分兵迎战。曹操听了大怒,吼道:"你们怕什么,等敌人到了我的背后时再向我报告。"曹军的官兵们知道腹背受敌,很难冲破重围,于是拼死搏命,一顿猛砍猛杀。战场上一片喊杀声、惨叫声,曹军士气大振,袁绍的守粮军接连溃败,最后淳于琼被斩,袁军粮草被曹操一把火烧尽。

战败后,郭图为了推卸责任,竟跑到袁绍跟前说张郃的坏话:"张郃听说我

军吃了败仗，正私下里幸灾乐祸。"张郃得知郭图告状后又恼又怕，他担心袁绍听信谗言，于是和高览一起烧掉了战斗要用的兵器库，带领自己的部队到曹军的大营投降。

经过多次失败，袁军士气萎靡，乱作一团，很多官兵都丢盔弃甲，四处逃散。袁绍迫不得已，带着儿子和剩下的八百骑兵，渡过黄河逃命而去。

官渡一战，袁绍的愚蠢导致他损失七万人马，回去后，他气恼之下，竟一病不起。公元202年，袁绍病死；公元206年，曹操瓦解了袁氏的残存力量。

官渡之战是我国历史上非常著名的以少胜多、以弱胜强的案例，这场战役也是中国的北方由分裂走向统一的一场关键性战役。

知识链接

许攸

许攸，南阳（今河南南阳）人，是曹操的老乡，自小一起玩耍、一起读书。成人后许攸投靠了袁绍，成为袁绍帐下谋士，官渡之战时其家人因犯法而被收捕，许攸因此背袁投曹，并为曹操出谋划策，进而大败袁绍。

不过许攸性格狂傲，不知收敛，最终因惹怒曹操而被杀。

荆州

荆州是古代九州之一，东汉末年，荆州一共有7个郡分为南阳郡、南郡、江夏郡、长沙郡、零陵郡、武陵郡、桂阳郡，赤壁之战后，由魏、蜀、吴三家瓜分。

魏国得到了南阳、襄阳二郡，孙权只得到了南郡，其余被刘备占领，而刘备借的荆州其实是吴国的南郡。

蔡文姬归汉

汉末年有一个名士叫蔡邕（yōng），传闻他博古通今，无所不知，因为学识渊博，还曾参编《东观汉记》。由于早年得罪宦官，蔡邕被放逐到了北方，后来他一路辗转，避难江南待了十二年的时间。

董卓掌权之后，想借蔡邕的名声，以示自己尊才爱才之心，于是把蔡邕请到洛阳为官，而且对他礼遇有加，三天的时间里竟给他连升三级。蔡邕受到了礼遇，十分感念董卓。

董卓被杀后，蔡邕念及董卓曾待自己不错，于是为董卓说了几句公道话。这可惹恼了司徒王允，司徒王允认为蔡邕是董卓的同党，就让人把他抓了起来，没过多久，蔡邕便死在狱中。

蔡邕有一个女儿叫蔡琰，也被称为蔡文姬。因为受父亲的影响和教导，她自幼博学多才。蔡邕去世后不久，关中接连发生了多次战乱，百姓们纷纷流离失所，无所依靠的蔡文姬也只好到处逃难。当时，匈奴人经常到中原烧杀抢劫，掳掠汉朝百姓。一次，年轻貌美的蔡文姬不幸被匈奴人掳走，后来，匈奴人把她献给了当时匈奴的左贤王。

左贤王一眼便喜欢上了蔡文姬，并娶她为妻，婚后，他们生了两个孩子。此后，蔡文姬在南匈奴生活了十二年的时间，尽管她已经适应了匈奴的生活，但仍十分想念故国。每逢月夜，她就会卷起芦叶吹起笳（一种三孔吹奏乐器），演奏乐曲来寄托自己对故乡的思念。她十分盼望有朝一日可以重回故土，完成父亲未竟的事业。

多年后，曹操完成了平定中原的大业，心怀天下而又有文人情怀的曹操，想在文化上也成就一番事业，于是想到了自己的老师蔡邕，但蔡邕已去世多年。曹操感念之际，想到了蔡文姬，便对属下说："也许，蔡邕的女儿可以挑起这副担子。"他派属下周近，携带千金，远赴匈奴，代表大汉朝赎回蔡文姬。

蔡文姬见到周近后，感慨万分，告别了在匈奴的两个孩子，与周近一同踏上了回归中原的路，她万分激动，离故乡越来越近，心情就更加难以描述，

▲ 蔡邕

蔡邕是东汉时期著名文学家、书法家。他精通音律，熟读经史，善写辞赋，在书法方面创立飞白书体，对后世影响很大。

知识链接

《东观汉记》

《东观汉记》是一部记载东汉历史的纪传体断代史巨著，其主要内容为东汉从光武帝至灵帝一百余年的历史。

该书由班固、刘珍、蔡邕、杨彪等人编撰。范晔《后汉书》问世前，该书影响较大，与《史记》《汉书》并称"三史"。

眼泪止不住地流，于是在路上写下了著名的《胡笳十八拍》。

重归故土后，有一次，曹操问她："我记得文姬夫人家中曾有很多书籍文稿，不知道现在是否还保存着？"蔡文姬听闻，叹了口气，说道："的确，父亲生前留下了四千多册书，但后来战乱，连一卷都没有留下来啊！"曹操听闻，非常

东汉时期，蔡伦改进了造纸术，所以到东汉末年时，书写的材料逐渐从竹简向纸转变

失望，没想到文姬接着说："但所幸，很多文书都被我记在脑子里了，现在应该还能背出四五百篇，大概也能写出一千多册书的内容。"曹操听了，大喜过望，没想到文姬竟有过目不忘的本领，当即说："那我派十个人到你家中，让他们把你背诵的文章记录下来，可好？""丞相，大可不必如此，只要您赏我纸笔，我就可以自己把它们写下来。"

曹操派人为蔡文姬送去纸笔，文姬果真将记住的四百多篇文章一一默写下来，呈给了曹操。曹操看后，十分欢喜。曹操把流落异地多年的蔡文姬接回故土，且让她默写下古代的书籍文章，在保存文化方面做了一件好事。后来，人们也把"文姬归汉"传为美谈。

▲ 汉朝的泥塑抚琴俑

闯关小测试

1. 在东汉末年挟天子以令诸侯的是（ ）
   A. 袁绍   B. 曹操   C. 孙权

2. 孙刘联军以少胜多，打败曹军是在哪次战役？（ ）
   A. 官渡之战   B. 赤壁之战   C. 昆阳之战

3. 东汉末年从匈奴返回中原的女诗人是（ ）
   A. 班昭   B. 伏寿   C. 蔡文姬

参考答案：1.B 2.B 3.C

历代帝王世系表

秦汉

秦（秦帝国）
/ 前221—前206

昭襄王（前306—前251）

孝文王（前250—前250）

庄襄王（前249—前247）

始皇帝（前246—前210）

二世皇帝（前209—前206）

汉·西汉
/ 前206—25

高祖（前206—前195）

惠帝（前194—前188）

高后（前187—前180）

文帝（前179—前157）

景帝（前156—前141）

武帝（前140—前87）

昭帝（前86—前74）

宣帝（前73—前49）

元帝（前48—前33）

成帝（前32—前7）

哀帝（前6—前1）

平帝（公元1—5）

孺子婴（6—8）

[新]王莽（9—23）

更始帝（23—25）

汉·东汉
/ 25—220

光武帝（25—57）

明帝（58—75）

章帝（76—88）

和帝（89—105）

殇帝（106—106）

安帝（107—125）

顺帝（126—144）

冲帝（145—145）

质帝（146—146）

桓帝（147—167）

灵帝（168—189）

献帝（190—220）